培养有梦想的孩子

（实践版）

赵昂 著

很多父母对这样的情况并不陌生：孩子对什么事都缺乏兴趣；孩子学习倦怠没有动力；孩子没有时间观念，做事拖拖拉拉；孩子性格优柔寡断，没有决策能力；孩子不自信，害怕竞争；孩子没有长远目标，得过且过；孩子性格内向，不会与人相处……

为此，父母上了很多课程，听了很多理念，却不知如何下手；练习了一些技术，学习了一些工具，却感觉很难和具体情况匹配上。有些方法虽然奏效，却难以长效发挥作用，父母变得更加焦虑。

出现这些问题，有些源于孩子自身的特质，有些则是受环境的影响，需要系统的解决方案。本书从面向未来的视角，帮助父母建立全面而系统的家庭教育观，让孩子能够在未来漫长的生涯发展中获得持续成长。书中提供了很多具体可操作的方法，以及生动鲜活的案例故事，让父母能够快速上手，学以致用。

图书在版编目（CIP）数据

培养有梦想的孩子：实践版 / 赵昂著. —北京：机械工业出版社，2021.5（2021.9重印）

ISBN 978-7-111-68013-0

Ⅰ. ①培… Ⅱ. ①赵… Ⅲ. ①家庭教育 Ⅳ. ① G78

中国版本图书馆 CIP 数据核字（2021）第 066471 号

机械工业出版社（北京市百万庄大街 22 号　邮政编码 100037）
策划编辑：王淑花　张潇杰　责任编辑：王淑花　张潇杰
责任校对：周丽敬　封面设计：吕凤英
责任印制：常天培
北京铭成印刷有限公司印刷
2021 年 9 月第 1 版第 2 次印刷
145mm × 210mm · 6 印张 · 1 插页 · 133 千字
标准书号：ISBN 978-7-111-68013-0
定价：59.80 元

电话服务　网络服务
客服电话：010-88361066　机　工　官　网：www.cmpbook.com
010-88379833　机　工　官　博：weibo.com/cmp1952
010-68326294　金　书　网：www.golden-book.com
封底无防伪标均为盗版　机工教育服务网：www.cmpedu.com

序

教育，成就孩子的未来

教育的目的是什么？这是我一直在思考的问题。

平时在给职场人做咨询的时候，看到有人因失去方向而迷茫，有人因发展受阻而焦虑，我就想：如果他们能早早建立一些生涯认知，储备发展的能力，或许会发展得更顺利，或许就有更大的职业成就。于是，我把视角从职场推进到大学，再推进到中小学。

当我开始关注教育以后，我又在思考：到底怎样的教育才是我们所期待的“好教育”？

如果说不能只关注分数，那么我们还应该关注些什么？如果说不能把教育的节点停留在升入名牌大学，那么我们应该放在哪里？如果说教育不仅仅是停留在一些理念和观点上，那么抓手是什么？

回到源头上，不管是父母，还是老师，都希望孩子有一个美好的未来。希望孩子在长大成人以后不为生计发愁，不为生活烦恼；希望孩子能够建功立业，做自己热爱的事情；希望孩子能够心怀梦想，营造属于自己的美好未来。考高分、上兴趣班、参加高考、上大学、从事第一份工作，这些都是手段和经历的过程罢了。

如果说，面向未来是教育的方向，那么，提升能力就是教育的抓手。训练阅读，可以提升一个人的学习能力，借以拓展视野，了解世界；训练写作，可以提升一个人的表达能力，借以交流思想，呈现内心；各个学科的学习更是在全方位地训练孩子的逻辑思考、书面理解、问题解决、形象记忆等多种能力。然而，这些似乎还不够。

面向未来，一个人需要合作，才能创造出更大的价值，这就需要学会理解别人，需要恰当表达自己，还需要接纳自己，善用优势。面向未来，一个人需要发挥创新创意，创造出独特的价值，这就需要有足够的视野，有灵活的思考逻辑，有可以充分建构的思维空间。面向未来，一个人需要与时俱进，善于应对各种变化，这就需要有很强的学习能力，善于规划和处理风险的能力。

这些能力的运用和训练，或许会出现在课堂上、校园里、考场中，但是，和未来的需要相比，这样的准备远远不够。其实，教育本来就有两个主战场：一个是学校，另一个是家庭。父母对孩子的教育负有不可替代的责任。

家庭教育该怎么做？为什么学了那么多家庭教育的方法，依然还是不会用呢？家庭教育不同于课堂教学，它与我们的日常生活密不可分，所以父母一定要做到“让教育从生活中来，到生活中去。”

生活中，会遇到很多可以进行家庭教育的场景：孩子第一次去幼儿园，换一所学校，换老师，升了新的学段，这时候，父母可以帮助孩子提升适应能力；孩子和同学发生矛盾冲突，产生担心、惧怕、愤怒、痛苦等情绪，这时候，父母可以帮助孩子提升情绪处理能力；孩子面对竞争，屡次遇挫，失去信心，这时候，父母可以帮助孩子积极主动地投入竞争，获得成长；孩子学习倦怠，缺乏动力，做事效率低，这时候，父母可以帮助孩子寻找原因，进入状态，发现自我，找到梦想。总之，生活之中，可以进行教育的机会无处不在。

具体如何做呢？这就需要提升教育者的格局和视野了。在父母眼中，看到的不应该只是问题，还要看到机会，不应该只有无奈，还要有悦纳，不应该只是对抗，还要有合作，不应该只是独自努力，还要借助系统的力量。可以说，教育者才是教育唯一的天花板。

这些年来，我一直在做生涯教育，从一开始，我就没有把关注点仅仅放在高考志愿填报上，没有仅仅放在高中选科上。因为我知道，父母更关注的是，比高考更远的未来。于是，我的关注点也在于更长远的生涯发展，我希望从一个成年人进入社会之后的视角回过头来看教育，看看可以做些什么，以帮助孩子在未来可以更好地发展，更幸福地生活。

我的一些课是讲给老师和父母听的，主题是关于生涯教育的。在课程结束之后的一段时间，或许是半年，或许是一两年，总会有学员回来找我反馈：亲子关系改善了，家庭更和睦了，孩子学习成绩提高了，自己的状态也变好了。我想，这就是教育的力量，埋下一颗种子，让它慢慢发芽。

如果说《通往未来之路》是对生涯教育理念的全面系统阐述，那么这本书，我把焦点放在了家庭——教育的另一个主战场，父母是这里的主力军。从兴趣培养到梦想激发，从时间规划到决策能力，从合作竞争到建立自信，从保持独特到融入系统，我努力为大家呈现一幅家庭生涯教育全景图。

我特别感谢我的两个儿子，他们成长过程中出现的一件件“趣事”，为我提供了教育实验的素材。他们快乐健康地成长，也给了我更多的信心。

这本书在写作过程中得到了很多人的支持，特别是我的一些学生，他们给我提供了大量的真实案例，这些生动鲜活的案例大大提高了本书的可读性和实用性。征得他们的同意，在这里，列出他们的名字：

伊红光、侯亚男、应晓菲、冯忠英、曹凤阁、毛永明、符充、龙青、贾永洁、李娜、王小燕、玉老师、许庆凡、邱良、玛丽、豆妈、采蓬、钱悦、梁敏、墨白、霏璐、肖熙如、志轩、王玼芊、任爽、王万秀、黄宣洁、李晓莉、谢颖辉、张奇峰、王姿茜、阿康、黄玉文、辛玲。

感谢他们分享的故事，更感谢这些故事给我带来的感动和启发。

这么多人都因生涯教育而成长，你也来加入吧！

赵　昂

2021 年 3 月于北京

Contents

目 录

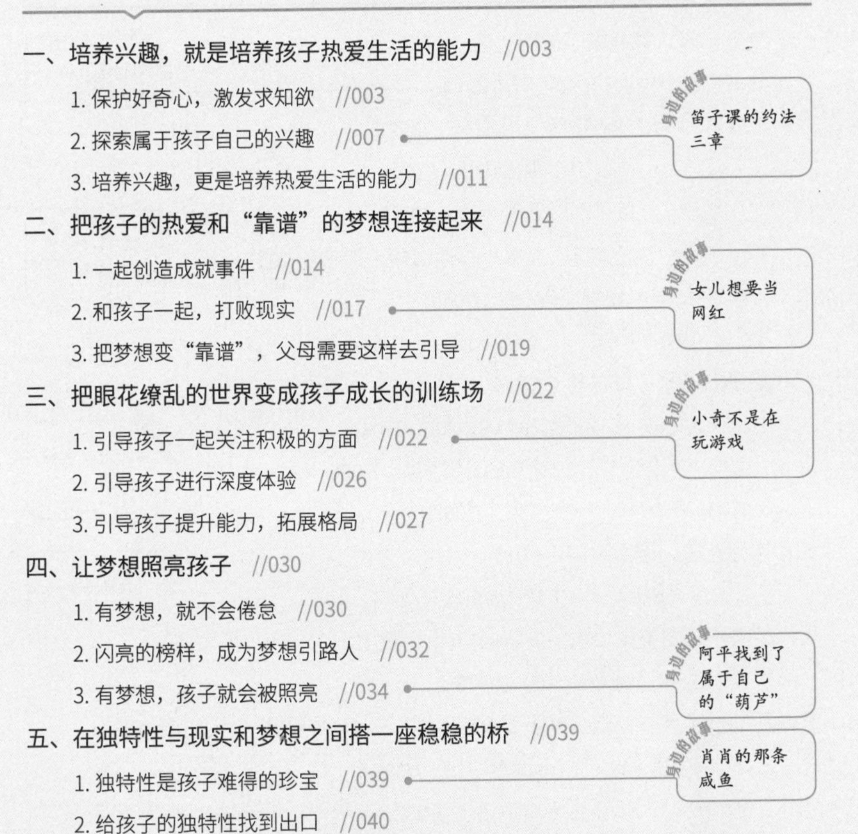

第二章　培养孩子面向未来世界的能力

第三章 融入系统，帮助孩子与世界连接

第四章　智慧陪伴，做孩子的支持者

第一章

培养对生活的热爱，让每个孩子成为独特的自己

对于父母来说，孩子的学习恐怕是我们最关注的问题了。学习能力不足，可以慢慢来，学习方法不会，可以找老师。然而，更让人头疼的，并不是孩子缺乏学习能力，而是缺乏学习动力，并不是缺少学习方法，而是对学习毫无兴趣。

难道真的是因为孩子胸无大志？是因为孩子只贪玩耍？还是因为孩子根本不爱学习？

恰恰相反，孩子天生就对这个世界充满好奇，并且乐于探索。遗憾的是，很多父母不仅不会保护孩子的好奇心，反而在无意中挫伤了孩子对于外部世界的兴趣，打击了孩子探索知识的积极性，却还以为自己是在规范孩子的行为。

未来的世界属于有创造力的人，**创造力的来源就是对于这个世界的敏锐和对于生活的热爱。**未来的世界属于有独特价值的人，**独特的价值源自每个人的自我探索和对于自己独特性的认识。**未来的世界属于主动学习的人，**驱动一个人主动学习的动力就是要实现一个与自己有连接的梦想。**

当然，父母也有自己的担心：保护好奇心，鼓励探索，会不会不着边际，偏离正路？培养兴趣，拓展视野，会不会耽误学习，失去重心？发挥独特性，追寻梦想，会不会荒废学业，与现实脱轨？

这些担心都有道理，不管是生理发育状况，还是心理成熟程度，成长中的孩子如果缺乏正确的引导和恰当的教育，父母担心的这些事情都会出现。然而，因噎废食的禁止，粗暴而无礼的打击，必然带来消极影响。换个角度考虑，只有提升教育认知，丰富教育方法，父母才能抓住家庭教育的契机，培养孩子面向未来的能力。

一、培养兴趣，就是培养孩子热爱生活的能力

为什么有些人能从事自己喜欢的工作，而有些人做什么工作都像应付差事，充满厌倦？为什么有些人能创造自己热爱的事业，而有些人只能把工作当成谋生的手段，处于无趣的生存状态？在把自己喜欢的事情做成事业之前，在愿意为一件事情投入之前，首先，要有一件自己喜欢的事情。

培养兴趣，是生涯教育的一个重点。孩子的兴趣，越早发现越好，越晚发现，发展的成本就越高。把感兴趣的事情做成功，需要的不仅仅是具体能力，还有热爱生活的信心。

1. 保护好奇心，激发求知欲

好奇心是一种重要的内在资源，对世界保持好奇的人，才会主动进行探索，也才能呈现无尽的创造力。未来世界中，那些重复的工作势必被人工智能之类的科学技术所代替，人们能发挥的最为独特的价值，就是创造力。

好奇心可以唤醒求知欲，好奇心可以激发自主性。想想看，所谓的学习，不就是一个人沿着前人怀揣好奇心走过的路而继续前行吗？如果孩子的好奇心得到了保护，求知欲和自主性被唤醒和激发，他们就会自带马达，充满活力。明白了这一点，父母就不必再将孩子的好奇心与求知学习对立起来了，而是要考虑：如何引导好奇心？如何培养求知本领？如何增强自主性？

想要保护孩子的好奇心，父母的认知中首先要有一个基本的假设：**这个世界是值得好奇的。**有了这个假设，父母才会认可孩子各类奇奇怪怪的提问，而不会嗤笑孩子想法的幼稚和荒诞不经；有了这个假设，父母也才会接纳其实自己可能也有很多不知道的事情；有了这个假设，父母也才不会期待孩子所有的想法都必须和自己脑海里已有的模板完全一致。

【身边的故事】霏霏对月亮的好奇

霏霏是个爱提问的小姑娘。有一次，一家人吃完晚饭在小区里散步。霏霏指着天上同时出现的太阳和月亮，好奇地问："妈妈，太阳还没有下山，月亮怎么就跑出来了呢？"

遇上这样的问题，如果是你，会怎么回答呢？知道答案，但觉得不好解释，然后不置可否？还是自己不知道答案，搪塞过去？或者是查查资料，再告诉孩子？

父母经常会遇到孩子的"十万个为什么"，也经常随口就说，"我回头告诉你啊""将来我帮你查查""有机会我们请教别人"。但是如果之后把这件事忘掉了，那么孩子提问时的好奇心就无处安放。这样的事情发生得多了，孩子的好奇心也就会被阻断，一旦孩子对周围的世界失去了好奇，那便再也没有探索和创造的冲动了。

这其实是一个引导孩子好奇心发展的特别好的机会，**父母甚至不需要知道答案。**

霏霏妈妈对于解答也没有把握，就诚恳地告诉孩子："妈妈只知道，月球绕着地球转，地球绕着太阳转。在这个过程中，月亮和太阳就有

可能相遇。**具体情况，我们一起查资料吧？**”霏霏点点头，眼神中充满了期待。

一回到家，霏霏妈妈就拉着霏霏一起查“日月同辉”的资料。看了文字，又看视频，担心孩子不明白，妈妈灵机一动，拉着爸爸一起来做模型：爸爸当太阳，妈妈当地球，霏霏当月球，三个人一起玩起了公转和自转。

整个过程中，霏霏开心极了，兴奋地说：“月亮会变身呢，好酷啊！”

父母有自己的工作，还要照顾家庭，经常会以“繁忙”为由，忽略孩子的好奇，敷衍孩子的提问，甚至拒绝同孩子一起探索，觉得陪伴孩子是一件特别麻烦的事情。殊不知，作为孩子人生中的重要他人，父母与孩子在一起的时间非常有限，一不留神，孩子就长大了。那些“麻烦的问题”，能够出现的次数也非常有限。**只要认真对待孩子每一个“荒诞的”问题，好奇就会像种子一样，在孩子的心里生根发芽。**

【身边的故事】飞飞的宇航梦

飞飞 4 岁的时候，全家人一起去看电影《流浪地球》。父母本来以为小孩子看不懂，看一会儿就会吵闹，没想到，孩子被电影吸引了，两个小时看得津津有味，一直到散场。

看电影过程中，飞飞不断小声地提问题：“妈妈，这是哪里啊？”“妈妈，人们要搬到地下城吗？”“妈妈，木星和地球撞上会怎样呢？”“妈妈，地球真的会衰老吗？”虽然不断提问，但飞飞一直在被电影情节吸引着，直到电影结束，飞飞都还在问：“地球真的要逃离吗？”

因为是第一次看科幻电影，飞飞对于宇宙产生了强烈的兴趣，之后又要求反复看《流浪星球》，以至都能背下其中的台词。妈妈看到了飞飞的兴趣，就给他买来了一些介绍宇宙知识的绘本，一页页讲给他听。再后来，给飞飞讲《十万个为什么》中的宇宙篇。有一次，飞飞提的问题难倒了妈妈。妈妈借机说：“**妈妈懂得太少了，你可以自己学习，**将来做宇宙科学家，探索宇宙更多的奥妙。”飞飞妈妈就是这样，通过适时的示弱，恰当的引导，推动孩子更加主动积极地去探索。

从此以后，飞飞就有了一个梦想：当宇宙科学家。飞飞开始了对于宇宙的探索，求着爸爸买天文望远镜，求着妈妈带自己去天文馆，自己查资料，看图书，参加业余兴趣班。他说：“我真想赶紧上大学，这样就可以成为宇宙科学家，将来就能飞上太空了。”

孩子的好奇心一直都在，只要我们注意保护，好奇心一定可以引领孩子进行更为深入的学习和探索。我们不必担心“玩物丧志”，**兴趣、好奇、玩耍，正是人们主动拓展认知边界的动力。**正是因为好奇的探索，才积累出了人们对于世界认识的各种科学知识。好奇心没有错，它是一条路，更是孩子探索世界的触角。

兴趣、好奇、玩耍，正是人们主动拓展认知边界的动力。

2. 探索属于孩子自己的兴趣

现在的父母都越来越重视孩子的全面发展，也开始重视孩子的兴趣探索。然而，在兴趣选择上，父母又经常陷入纠结。

父母经常给孩子报各种兴趣班，今天学美术，明天学音乐。学游泳是锻炼身体，学主持人是训练表达，学围棋是训练思维，学书法是陶冶情操。但孩子的兴趣却总在变，学了一段时间，孩子一句“没兴趣”就放弃了。花了不少钱，却收获寥寥。

有些父母会担心，如果孩子因为兴趣广泛而养成了浅尝辄止的习惯，将来他们在学科学习上，总不够专注，可怎么办呢？这些兴趣只能做特长，将来考试不考，发展为专业的风险又太大，会不会影响主科学习？

兴趣的培养和拓展不是从愉快玩耍的童年到学校生活的简单过渡，这也是一个学习的过程，如果不认真对待，可能会带来负面的效果。我们来看看涛涛的故事。

Dream

【身边的故事】被兴趣班打败的涛涛

上了小学，涛涛的学习成绩一般，也就是勉强跟得上。涛涛妈妈想，能不能从孩子的兴趣爱好中找到一些擅长的事情呢？或许这样就可以帮助孩子建立自信。

其实，探索兴趣这件事，在上小学前，涛涛也没少做，尝试过学习街舞、围棋、武术、主持人、画画。可是，每次学习都是勉强坚持一段时间，之后发现，涛涛总是班上学得最慢，表现最差，经常被老师批评的那个。

有一次妈妈给涛涛报名了街舞课，可谓费尽心思，上课在外面观察着，下了课回到家和涛涛一起讨论，帮助他训练。可涛涛的表现呢？一直没有长进，动作总是做不到位。一次阶段考核，涛涛成了班上唯一一个没有奖状的孩子。那一次，涛涛又被老师留了下来。回家以后，涛涛哭得稀里哗啦，街舞课变成了“自卑训练营”。

这样的事情几乎发生在涛涛报名的每一个兴趣班上，次数多了，连妈妈都害怕了。到底要不要发展兴趣呢？又该如何帮助孩子建立自信呢？

父母都知道培养孩子的兴趣很重要，但是却不知道为何重要。于是，就会被一些培训机构的招生宣传所吸引，比如，学游泳，是因为在小学要考试，对身体极好，得学；学英语，这是未来的重要学科，不能让孩子输在起跑线上，得学；学围棋，开发智力，培养思维和格局，得学；学钢琴，培养优雅的艺术品位和生活态度，得学；在 × 岁的时候，学习 ×× 是最好的，错过了就遗憾了。

这样制造焦虑的说法，即便有道理，具体到每一个个体上，也不见得适用。**教育，并不是为了培养一个符合实验室规律的孩子。**没有一个普遍适用的规律，规定孩子一定要在什么阶段开发什么兴趣。学龄前，或者小学的时候，学业负担没那么重，孩子可以有更多的时间去学一些才艺技能，这是客观条件，也都值得鼓励。然而，每个孩子对于不同技能在不同阶段的敏感度不同，这一点就需要家长慢慢摸索了。可能孩子在四岁的时候还不喜欢画画，到了六岁，就会特别喜欢。所以，如果孩子不喜欢，不要去强迫。

培养孩子的兴趣，最大的意义在于，让孩子感受世界的多彩，因

此而热爱生活，并训练自己可以热爱生活的能力。

有个孩子特别喜欢讲课，她能模仿老师，对着空气讲半小时，把老师的语气、神情、动作模仿得惟妙惟肖。时而愤怒、时而点评、时而写字、时而读书，她全部能自然地演绎出来，自己也享受其中。此时，父母就不妨因势利导，和孩子一起分析，如何才能把课讲好，比如如何准备课程内容，如何精准表达，如何吸引学生注意，如何应对意外。逐渐加大难度，逐步提升标准，在这个过程中，孩子就可以训练出各种能力。将来孩子不一定非要做教师，但是这段经历特别有价值。

如果在小的时候，孩子没有特别的兴趣表现，父母就需要通过各种方式来辅助探索。比如，带着孩子去上一些体验课，或者让孩子在旁边观察别的小朋友，和小伙伴一起玩，或者在家里买一些孩子能读的各类书，这些都是进行探索的方式。这个过程中，父母用心观察，其实不难发现孩子的兴趣。

这里有一个特别重要的提醒：**在探索期，父母要用各种非正式的方式引导孩子，不要让孩子感到压力。**

【身边的故事】笛子课的约法三章

暑假里，刚上小学的小新看到别的同学都去参加各种课外兴趣班，有学钢琴、小提琴的，也有学声乐的，还有学习朗诵、跳舞的，他就和爸爸商量，想参加一个音乐类的兴趣班。

爸爸说：“好啊，有了音乐，你的生活会更快乐。**想学什么呢？**”

小新说：“我学笛子吧？”爸爸很好奇：**“为什么学笛子呢？”**

“因为笛子是中国的乐器。”这个答案出乎意料，爸爸问：“中国的乐器很多，为什么要学笛子呢？”“因为我只知道笛子啊。”

“来，**那我们一起看看中国乐器都有什么吧。**”于是，爸爸带着儿子，花了一个多小时的时间，在网上查找了各种中国民族乐器，给孩子念文字，一起看视频。这里面的好多乐器名字爸爸都是第一次知道，也算开阔了眼界。**这个兴趣探索的过程，不仅仅是为了帮助孩子确定什么，而且还会在不经意间帮助孩子提升了信息检索的能力。**

到了最后，小新说：“我还是想学笛子。”

“那好，**我们来约法三章。**”爸爸说，“第一，一旦开始学习，必须认真投入，至少学习三个月时间。三个月之后，我们再决定是否继续。第二，学习期间，如果不满意，只要理由充分，你可以换老师，换学校，但是不管跟谁学，都必须达到老师的要求。第三，学习期间，不要对乐器提出太高要求，能用就行，乐器质量会随着你的演奏水平来提升。”通过这个过程，小新爸爸想让小新学会对自己的决策负责。

“好的，没问题。”

于是，小新就这样开始学起了笛子。开始半年，有学不会的时候，小新也会哭鼻子，但是，他会和爸爸说，自己要坚持。

有一次，小新成功地学会了一首曲子，特别开心。在夸奖了孩子之后，爸爸认真地说：“你知道为什么爸爸同意你去学一种乐器吗？”

“因为好玩呗。”

“**我希望你能学会一种自娱自乐的方式。**不一定非要参加比赛，不一定成为笛子演奏家，但是，等你长大了，开心的时候，悲伤的时候，喜悦的时候，寂寞的时候，能够吹奏一曲，心情会很舒畅呢。”

“我知道了。”小新开心地笑了。

作为父母，一方面要帮助孩子进行广泛探索，尽自己所能地让孩子看到外面的世界，知道得越多，选项就越多。另一方面，还要认真观察孩子的独特性，注意观察孩子会对什么更好奇，在哪些方面愿意停留、花时间。

3. 培养兴趣，更是培养热爱生活的能力

在发展兴趣的过程中，势必会提升孩子各种能力，除了具体的单向特长技能外，时间规划能力、资源整合能力、沟通协调能力、抗挫折能力和坚韧力都会得到提升，信心也会因为学习过程中获得的成就感而得到增强。

【身边的故事】折纸折出来的信心

在学校开设的各种兴趣课上，小海自己选择了折纸课。妈妈问孩子为什么选这个课时，得到了一个简单的回答——“我喜欢”。妈妈准备尊重孩子的选择，支持他。

每次折纸课结束，小海带着课上的作品回到家，都很开心，他说这是一周里最愉快的一天。渐渐地，一周一次的校内折纸课已经不能满足他了，每天回到家，他写完作业就是折纸，周末，他会拿出大半天的时间折纸，再也不迷恋电子游戏了。

慢慢地，小海可以折出各种各样的飞机、枪、动物等造型。在家里积累了一些折纸作品后，就带到班里给同学们展示，结果开发了折纸超市的玩法。一下课，同学们就围着他，用他们自己制作的玩具纸币，购买自己喜欢的折纸造型。被同学围着的感觉太好了，成为焦点，让小海感受到了成就感，于是，他越来越痴迷于折纸。

孩子喜欢一件事，就会把所见所闻和喜欢的事情联系起来。受爸爸工作的影响，小海知道了“个性化服务”。没想到，这个词被孩子用在了折纸上。有一天，有个同学要定制一把蓝色的手枪。小海说，这是个性化服务，当天晚上写完作业就开始打印蓝色的纸，折同学需要的造型，中间考虑了同学的各种要求及可能性，最后折出了满意的造型。第二天，这件作品得到了“大客户”的积极反馈。

在学校，老师也很欣赏小海对折纸的热爱，还打算向校方帮他申请一个折纸社团。

妈妈很欣慰，在折纸这件事情上，看到了小海不断增强的自信心。

任何一件事，都不是轻轻松松可以做好的。一旦选定了兴趣方向，父母就要支持孩子持续地做下去。现在的孩子，兴趣不是太多了，而是太少了。有了兴趣，有了热爱，才有继续探索的愿望，也才有可能积极主动地调用各种能力去学习。所以，作为父母，请保护孩子的热爱。

有多少人有属于自己的人生热爱呢？那种可以沉浸其中，获得纯粹的快乐，不用考虑功利，单纯就是喜欢的热爱。可能是读诗抚琴，可能是折纸乐高，或许是计算两道概率题，或许是画画唱歌，也可能是游游泳、踢踢球、下下棋、养养花，或者做两道拿手菜。不管是哪一种，这些热爱会让人生不再空虚，生活也不再苍白。

作为父母的成年人们，请环顾自己的“朋友圈”。有没有发现：大多数女人都是在刷着差不多的热剧；大多数男人除了工作赚钱，剩余时间基本就是喝酒、打游戏。有些人会在下班后健身，大多是到了一定年龄之后出于对健康的担心；有些人会去读书，可其中的不少人是因为别人贩卖的知识焦虑而迫不得已。

在家庭里，孩子的兴趣边界往往建立在父母的视野上，父母就是孩子登高望远的梯子。作为父母，帮助孩子建立属于自己的人生热爱，这是一件多么幸福的事啊！

二、把孩子的热爱和“靠谱”的梦想连接起来

孩子对什么事情都不感兴趣的时候，父母会焦虑。然而，好不容易找到一件孩子喜欢的事情了，父母的担心又来了：这些兴趣，会不会影响学业？是不是到一定阶段，达到了一定的训练目的，兴趣班就应该停下来？停不下来怎么办？于是，我们总会看到一些现象：孩子小时候父母追着上兴趣班，孩子长大了父母又追着上补习班。

1. 一起创造成就事件

父母不必把孩子看作不能自控的、长不大的小孩，他们有自己的主张，慢慢长大以后，也一定会根据外界的要求来调整自己的重心和节奏。而父母要做的是做好连接和提醒，帮助孩子把兴趣和梦想连接起来，把一时的兴趣和未来的长远发展连接起来，提醒孩子进入了新的生涯发展阶段之后，需要面临的人生主题。保护孩子的热情，支持孩子的梦想，这与现实一点都不矛盾。

孩子经常会因为一些直接的感官刺激或者单纯的有趣被吸引，而这种被动接受的方式，如果不加以引导，就不会让孩子主动投入，也就不会有更为强烈而深刻的热爱。

父母要做的，不是对孩子感兴趣的事物完全禁止。这样做，往往会适得其反，引发孩子的叛逆和更强烈的好奇。也不要置之不理，听之任之，让孩子陷入难以自拔的漩涡。而是要关注：孩子想法的来源

是什么？这样的想法可以发展为什么？有什么方式和通道可以把这样的想法引导成为一个梦想？

【身边的故事】生活里的化学实验

轩轩和琪琪的爸爸从事化妆品研发工作，偶尔会给孩子们带回一两件他自己制作的产品，有时通过视频给孩子们展示他的新发明。

有一天，孩子们很好奇地问爸爸："这是怎么做出来的呀？"爸爸大致描述了一下流程。孩子们对"混合""搅拌""分层"从此有了一些概念。有一次，轩轩恶作剧，悄悄地往爸爸的面里倒了一杯酸奶，爸爸煞有介事地搅拌了一下，说："嗯，有创意，味道不错。"看到爸爸并不反对，孩子们对"实验"似乎产生了更多的兴趣和好奇。

有一次，轩轩洗澡的时间特别长，出来以后，和妈妈说："妈妈，我给你做了一个产品，洗头洗澡都可以用，你一定要试一试哦。"妈妈一看，那些盛洗发水、沐浴露、护发素的瓶子差不多都空了，看样子他调制了很多次，才做出了这个"产品"。妈妈想，**这是孩子学习的成本。**于是很愉快地答应了。试用了以后妈妈还非常正式地反馈给轩轩："护发不够柔顺。"轩轩说："嗯，我再改良一下配方。"

后来，看到孩子们对于实验的好奇，爸爸专门给孩子做了一次"培训"，讲解实验的规则，告诉他们做实验的时候**需要注意的事项，避免发生危险，**孩子们听得可认真了。在爸爸的建议下，他们专门打印了一份实验要求贴在墙上。

孩子们对实验的好奇，从化妆品扩大到其他化学品。琪琪在洗手间开了一个自己的小实验室，让妈妈在网上买了些材料，自己做"洗手液"。她用不同的色素调制原料，用小玻璃瓶盛，经过多次尝试，成功地把两种不同颜色的颜料在同一个瓶子里分层。

孩子们还做了一些有趣的实验：成功地把易拉罐在桌面上倾斜45度角放置；用砂糖、锡纸、沙子、酒精做“法老的黑蛇”；用可乐做冰沙；用可乐和苏打水做“鸡尾酒”，倒在杯子里，看着泡沫一点一点地超过了杯子的高度，却没有溢出来，很有成就感。

孩子们和爸爸约定，放暑假的时候，去参观爸爸公司的实验室。**那将是一次开阔视野的好机会。**

孩子的兴趣一定是从简单的好奇开始的，如果父母禁止了、打击了、反对了，那么就会束缚孩子，限制其发展，父母就会变成障碍，阻止孩子前进；如果支持了、引导了、鼓励了，父母就会帮孩子打开一扇窗，拓展出一片天地。

【身边的故事】思思的绘本展

思思之所以开始画画，是因为**家里有一个喜欢画画的妈妈。**因为兴趣，妈妈开启了百日绘画打卡计划，因为好奇，思思就跟着一起画。没想到，画着画着，思思竟然就喜欢上了画画。

妈妈感觉一起享受画画的亲子时光太美妙了，就商量着给思思专门报名一个儿童绘画课程，思思一下就答应了。妈妈想，绘画也是一种培养审美和创造性思维的好方式呢。

思思喜欢她的绘画老师，这个老师没有死板地教孩子绘画技巧，而是在绘画中融入了对生活的探索，让孩子用绘画的方式去认识世界。

妈妈说，作为一个大人，因为担心画得不像，画得不够好，她自己总会下不了笔。每次看思思画画，却发现，技法虽然稚嫩，但是思

思**总是能够自信地落笔，**这也不是所有的小朋友都能做到的。

思思跟着老师学了两个学期，新学期一开始，老师开设了一个亲子绘本创作班。这个班需要父母和孩子一起上课，一起创作。最后的成果是，每组家庭创作出一本属于自己的绘本。听着就特别有趣，思思和妈妈非常喜欢，赶紧报名了。

经过一个学期的努力，思思和妈妈共同创作了**人生中第一本绘本。**老师还帮助大家进行后期的设计、排版、印刷。最后，所有家庭的绘本集中在一起开了一个小型画展。思思开心极了。

对于思思来说，这次“出版”和“展览”经历，就是人生一次重要的成就事件，是一次对于梦想的亲证。有了这次经历，梦想就在思思的心里埋下了种子。将来，她不一定非要成为一名画家，但是，她会因此而相信梦想的存在，也就会不断为自己创造一个个小梦想，并且愿意为之努力。更重要的是，思思会因此建立起对于梦想的信心，对于自己的信心。

2. 和孩子一起，打败现实

很多父母总是担心孩子的梦想不靠谱，他们反驳孩子的时候也是振振有词：梦想能当饭吃啊？梦想遇上现实，还不是摔得粉碎？或许，父母是有道理的，但是，不要忘记：你做不到的，在孩子那里未必做不到。

还有非常重要的一点，**作为父母，你是站在孩子的一边，和孩子一起探索世界，认识现实？还是站在孩子的对立面，做“现实的代言人”，打败孩子？**其实，即便是被现实打败，也没什么可怕的，大不了爬起来继续呗。维护良好的亲子关系，父母才能成为孩子的支持者。

【身边的故事】女儿想要当网红

有一次，一位妈妈向我求助。

她非常焦虑地说，自己的女儿迷上了做网红。刚开始的时候，父母虽然不喜欢，但认为这是孩子的梦想，一边支持，一边劝解。后来，女儿干脆放弃学习，准备报名参加网红培训。父母正在为这件事着急，不知道怎么才能让女儿回心转意。

我说："**你们从一开始就不是真正地支持孩子的梦想，而只是为了讨好她，**想安抚她，让她能够安心学习。现在，这个打算落空，你们就开始着急了。"

怎么办呢？不要站在孩子的对立面，不要对孩子的行为进行批判，因为事实证明，孩子听不进去。但是，也不要盲目地讨好式地支持孩子。父母可以化身**孩子未来"投资人"**身份，让孩子做好准备，进行一次"家庭路演"，到时候，根据路演的情况决定是否"投资"。

在准备路演的过程中，孩子就会自己去了解网红的发展情况、未来趋势，了解做网红的基本条件、成功概率。路演的时候，父母可以要求孩子提供充分的证据，用数据和事实来进行说明。这样，父母与孩子就不是对立的关系。孩子也不会因为父母的反对而偏执，而是会在这个过程中充分了解一个职业真实具体的情况。

"如果最后孩子还是要去怎么办？"那个妈妈焦虑地问。

"如果孩子经过充分了解，**做好了各种评估，也有对于风险的各种预案。**并且，还能够说服你这个投资人的话，你还有什么可担心的呢？"

那个母亲若有所思："也是啊，我是投资人，我说了算。"

其实，在这个过程中，并不是因为父母说了算，就可以强势地左右孩子的前途。那样的话，父母就扮演了一个打击孩子梦想的角色。孩子会因此而感觉被否定，也会由此而失去信心。如果孩子通过自己的探索，认识到了现实本来的样子，即便实现不了，孩子对于梦想依然会心怀向往，不失初心，会去追寻下一个梦想。

3. 把梦想变"靠谱"，父母需要这样去引导

在一次直播的时候，一位妈妈问我，孩子想做科学家，该如何引导呢？我说："一定要赶紧抓住这个小火苗，让它燃烧起来。"比如，家里开辟一个小角落，开设科学实验室；比如，每周专门设置一天"科学家日"，每位成员讲一个科学家的故事；再比如，周末带孩子去科技馆，体验科技创新活动……孩子越有兴趣，就会投入越多，慢慢地，梦想就会出现，孩子也就会进入一条自主学习的轨道。

【身边的故事】芸芸的宠物收容梦

芸芸有个"不靠谱的梦想"：要开一家宠物收容所。在妈妈眼里，这个梦想，除了能看出孩子有一颗善良的心之外，就只觉得孩子"不谙世事"和"想法幼稚"。妈妈除了假装鼓励一下，就选择性地忽略了。

没想到，芸芸很认真地开始查资料了，并且在和妈妈商量之后，开始养起了宠物：两只小兔子。妈妈开始重视起来了，设计了一个问卷给芸芸："如果你能把这份问卷认真填写完，我就和你一起研究宠物

收容所。”

芸芸拿过来，看到问卷上有这些问题：

① 你是从哪里听说的“收容所”？

② 对于人的收容和动物的收容有什么不同？

③ 为什么会想要开“宠物收容所”？可以解决什么问题？

④ 宠物如果流浪野外，会不会形成一个新的族群？会不会对生态环境带来影响？

⑤ 运营宠物收容所，最重要的因素是什么？

⑥ 如何经营宠物收容所？经费来源和社会价值又如何评估？

⑦ 收容所中有哪些职业？

⑧ 收容宠物过程中，有什么道德难题吗？

⑨ 宠物收容所是生物学家要研究的课题？还是社会学家要研究的课题呢？

“哇！这些问题好有趣！”芸芸不仅没有犯愁，反而兴奋了起来，“妈妈，你是不是已经做了功课了？”

妈妈狡黠地眨了眨眼睛，笑了。

这些问题都不是简单的选择或判断题，而是需要查阅资料，不断思辨，不断证明。看似简单的问题，却能在这个过程中，大大提升孩子的科学素养和人文素养。更何况，这是孩子自己提出来的话题，岂不是一个很好的研究素材？

要想梦想变得靠谱，就需要父母从孩子的兴趣出发，帮助他们打开视野，看到更多的可能。因为兴趣，孩子愿意做一些探索和尝试，**父母不妨鼓励他们把兴趣点燃，变成热爱，然后再把热爱转化为“靠**

谱”的梦想。千万不要小看孩子的梦想，任何一个梦想都值得被珍视。

没有什么“热爱”是偏离正路的，你只需给“热爱”打造一个梦想；没有什么“梦想”是“不靠谱”的，你只需看到“梦想”与现实的连接。

没有什么“梦想”是“不靠谱”的，你只需看到
“梦想”与现实的连接。

三、把眼花缭乱的世界变成孩子成长的训练场

这个时代是个信息化技术迅速发展的时代，人们之间已经不能用十年、几十年来划分一个代际，几年时间，这个世界就变得让人不认识了。现在的孩子都已经是“互联网原住民”了，一个三岁孩子使用手机的熟练程度或许会让大人们瞠目结舌。

人们在享受着信息化带来便利的同时，也备受信息泛滥的困扰。父母一边担心：如果不让孩子用手机，接收不到信息，孩子会与时代脱节，甚至作业都无法完成。这可怎么办？同时，父母还一边焦虑：眼睛看坏了怎么办？沉迷网络游戏怎么办？

这个世界眼花缭乱，如何帮助孩子在这样必须面对的环境中成长呢？如何能够让孩子既能深入全面了解世界，又能在缺乏判断和鉴别能力的时候不被“过度”和“不良”的信息所影响？这中间，父母的作用至关重要，既不能放养不管，又不能严格限制。怎么做呢？

1. 引导孩子一起关注积极的方面

很多父母的担心，都源于总是盯着事物的消极方面。他们认为：用手机，就是打游戏；打游戏，就是不求上进；看课外书，就是不爱学习；参加课外活动，就是耽误学习。在这样的逻辑里，硬生生地把一个孩子可以和外界保持的连接都切断了。

后果呢？孩子要么成为一个倦怠无趣的呆子，要么开始和父母对

抗。而更多的时候，孩子会像是中了父母的咒语一般，用一种过度补偿的方式，走向了消极方面：一有机会拿到手机，就玩命打游戏，一旦有条件放松，就丢下学业。可以说，很多父母眼里总是盯着的“消极影响”，被持续不断地强化。

【身边的故事】小奇不是在玩游戏

小奇上了初二以后，就总玩手机，成绩也直线下降。妈妈先是限制手机使用时间，后来又断网、摔手机。因为这件事，妈妈和小奇发生了几次冲突。最后，妈妈没办法，就带着小奇来找辛老师做生涯咨询了。

“辛老师，不知道为什么，小奇上了初中，刚开始还挺好，最近这半年就跟着了魔一样，一有机会就拿起手机不放。玩起来就没头，什么都不管了，学习成绩下滑得厉害，这可怎么办啊？”见到辛老师，小奇妈妈就开始抱怨了。

小奇在一旁不满地嘟囔：“谁玩了？”这句话引起了妈妈更大的愤怒：“还说没玩，每次去你房间，你不都是在玩手机呢吗？！”小奇开始还想辩解，后来，干脆把头扭到一边，看向窗外，不再说话了。

看到这样剑拔弩张的情形，辛老师和妈妈要求，要和小奇单独聊聊。

“刚才，**你好像有话要说？**”重新坐在小奇的旁边，辛老师打开话题。

小奇叹了口气，把头转了回来：“老师，我真不是玩手机。”

“嗯？**和我说说呗？**”辛老师一脸的好奇。

“我是在做视频呢！”小奇像是终于找到了可以倾诉的人，一股脑地把自己在做的事情都说了出来。一次偶然的机会，小奇看到了手机上的视频平台，觉得很有趣，就尝试着自己开始做视频。从陌生到熟悉，小奇用了差不多一周时间就掌握了视频制作软件的使用方法，然后开始编辑各种作品，上传到网络上，获得了很多点赞和评论。有一次，一个搞笑视频获得的点击量进入了当日排行榜的前十名。小奇感觉神气极了！

“真棒啊！**这些事情，妈妈都不知道吧？**”辛老师问。

“她不知道，也不关心。天天就想着成绩、成绩、成绩。”小奇一脸的不满。

“哦？**你觉得成绩不重要吗？**”辛老师好奇。

“也不是，不过……”小奇语塞了。看来，小奇还有话想说。“没关系，小奇，说说你是怎么想的，**有什么困难，我们一起来寻找解决方法。**”辛老师鼓励道。

小奇开始说了起来，自从上了初中，感觉自己适应不了学习的节奏，第一年虽然成绩中等，但是和之前的期待相比，还是差了很多。那段时间，小奇特别自卑，学习的时候也提不起精神，慢慢地，出现恶性循环，他开始逃避学习。直到发现了这个视频平台，小奇在这里找到了自己的成就感。

辛老师点了点头，说道：“**那我们来做个约定吧？**我和你妈妈说，保证每天给你一小时的时间来制作视频，但是除此之外，你就不要再用手机了。”小奇同意了。

“一小时？”听到辛老师这么说，妈妈先是惊诧，“这怎么行？一天花那么多时间玩手机，还学不学习了？作业都做不完呢！”“我们慢慢来，要帮孩子找到可以突破的办法。”听辛老师这么说，妈妈想，反正也没有更好的办法，与其母子关系进一步恶化，那就先试试吧。

“不要玩手机！”是不是很多父母都很熟悉这句话？我们经常把这句话当作口头禅。可是，作为父母，**你关注过孩子在用手机做什么吗？你关注过孩子从手机中获得了什么吗？你关注过孩子第一次接触手机的时候在做什么吗？**

如果孩子在第一次接触手机的时候，用来玩游戏，那么，对孩子来说，手机就是一个游戏机；用来查找资料、听故事、学习，那么，对孩子来说，手机就是学习工具。**在对外部世界的认知上，孩子就像一张白纸，你最初在上面画什么，那就会呈现出什么图案。**

就像这个案例中，如果小奇妈妈能理解小奇是通过用手机制作视频来获得成就感，她会怎么看呢？如果小奇妈妈能看到小奇因为学习成绩落后而产生的自卑与无力感，她又会怎么看呢？

和孩子一起看到这个世界的积极方面，孩子的世界就会充满积极因素。

和孩子一起看到这个世界的积极方面，孩子的世界就会充满积极因素。

2. 引导孩子进行深度体验

有很多孩子沉迷游戏和网络，都是因为在现实世界中没有感受到成就感，没有体会到关怀和亲情。还有不少孩子在一集一集的刷剧过程中，寻找着进入虚拟世界的角色感。难道在现实中，孩子竟没有机会能够获得成就感？感受亲密关系？或者说，现实在声光电组合刺激的虚拟世界面前已经变得索然无味、黯淡无光？其实不然，是父母没有用心安排和设计这样的体验。

家庭教育不只是做好一日三餐，不只是开学交学费，期末看成绩。父母更需要关注的是，在陪伴孩子的过程中，发现孩子的兴趣，创造条件引导孩子去体验。要知道，在现实中体验的魅力，可是远远大于虚拟世界的假想。

两周之后，小奇妈妈再去找辛老师的时候，态度已经柔和多了。她和辛老师说，这两周，小奇的表现还不错，每天都是按时使用手机，作业也都能按时完成。

辛老师和小奇妈妈认真地沟通了小奇使用手机的情况，听了这些，小奇妈妈也才恍然大悟："原来，他不是玩网络游戏啊！那我错怪他了。"小奇妈妈面有愧色，顿了一下说："辛老师，那接下来怎么办呢？虽然制作视频比玩游戏好，不过总制作视频也不是办法啊，将来也不能以此为业吧？"

"还真有人以此为业呢。"辛老师看到了小奇妈妈眼中的一丝担忧。"这样吧，**我们接下来制订一个深度体验计划，然后再来看小奇的变化。**"

"深度体验计划？"小奇妈妈好奇地问。

“对，就是我们一起来想办法，调用资源，帮助小奇来**深度地了解互联网、新媒体，特别是视频相关的行业信息。**”辛老师解释说。

“那有什么用呢？”小奇妈妈还是没明白。

“其实，小奇之所以对视频制作感兴趣，是因为他在其中找到了成就感。我们不妨就引导他**通过深度体验，了解更多的信息，帮助他看到一个更大的世界。**”辛老师微笑着说，“或许，看到了更大的世界，小奇**就会有自己的判断和新的决策了。**”

“好啊，”小奇妈妈将信将疑，“正好我有一些朋友是做互联网的，我可以联系一下，让小奇去参观参观。”

“那好，我来列一个参观清单，请小奇重点关注，回来后写一份参观报告，下次来咨询的时候你带过来。”辛老师嘱咐道。

美国心理学家库伯提出过一个“经验学习圈理论”，他指出，学习的起点来自于人们的“经验”，可以是直接经验，也可以是间接经验。在有条件的情况下，如果能创造出直接的第一手体验，再经过反思和抽象，学习的效果肯定会更好。

孩子对一些事情产生兴趣，这本没有错，父母不能在开始的时候以“矫正”的名义进行打击，而是要带领孩子向积极的方面进行深入探索。探索的关键在于父母如何引导，父母能否从中发现一些可以发展的踪迹，进而，让孩子把真实的实践变成一次能力提升的训练。

3. 引导孩子提升能力，拓展格局

父母对孩子总会有各种不放心：怕孩子学坏，怕孩子受骗，怕孩子沉迷玩乐……于是，很多父母就会用过度保护的方式来约束孩子，把他们限制在一个看似安全，实则与世隔绝的空间。

这并不是一个好方式。孩子总会长大，总要自己做决策，那么，你凭什么相信，一个人在之前30年的时间里没有经过任何训练，到了30岁，就自然有了明辨是非的能力？接受教育的过程中，孩子不断长大，身体成熟，心智也在成熟，既然过程中会遇到各种可能的考验，甚至是风险，那么，父母为什么不做一个陪伴孩子顺利过关，让其获得成长的教练呢？

第三次咨询的时候，小奇带来了他打印出来的调查报告，非常详尽，图文并茂，一看就知道他下了很多功夫。

辛老师问：**“这次调查让你有什么收获？”**

“收获可多了！”小奇兴奋地说，“我知道了视频制作的上下游，原来一个好视频的制作需要一个团队，一个大型的电影视频的制作甚至需要几千人。视频剪辑只是过程中的一环，技术固然重要，素材、拍摄、编剧，后期的宣发、话题营销等，都非常重要。这回可算开眼界了！”

“回到你自己身上，你有什么新的想法吗？”辛老师问回来。

“我想暂停制作视频了。”这句话让旁边的妈妈有些惊讶。“我觉得，我制作视频的水平已经到了瓶颈，要想继续发展，一定需要更高级的设备，还需要团队，看了别人制作的视频，我也知道自己差在哪里了。”

“那接下来有什么计划吗？”

“这其实也是我发愁的问题，无论如何，也得把学习搞好。我参观的时候问了那些叔叔阿姨，他们当中有不少都是名牌大学毕业的呢！”

小奇有点焦虑了，“可是，现在，我也不知道该怎么办了。”

“没关系，孩子，**妈妈可以帮你。**”旁边的妈妈忍不住了。“再不行，我们可以参加校外培训，只要你想学。”

“其实，**小奇的学习能力很强呢。**”辛老师说，“你看，我都学不会操作的视频制作软件，小奇一周就搞定了，还做得那么好。**你有没有发现，你在学习视频制作过程中表现出来的一些学习优势呢？**”

这么一说，小奇乐了，“对啊，好像是这么回事。”

咨询结束的时候，辛老师安排了一次作业：认真总结一下学习操作视频制作软件的过程，找到学习方法，**看看哪些可以用于学科学习。**

小奇和妈妈开心地结束了咨询。

半年后，小奇妈妈告诉了辛老师一个好消息：小奇重新回到了年级前十名。

我们处于一个信息持续激增的时代，面向未来，孩子不仅要会学习，更要会自主学习，善于从纷繁复杂的信息世界查找信息、鉴别信息、加工和处理信息。这是孩子进入职场之后能够在一次次竞争中胜出，在纠结和迷茫中保持自我，在诱惑和恐惧中幸福快乐的必备能力。既然如此，那何不把处于基础教育阶段的种种困难当成孩子能力提升的训练场呢？

在很多地方，父母都比孩子懂得多，懂人情世故、懂行业发展、懂世界趋势。但父母懂的这些能否成为资源支持孩子，把纷繁复杂的世界变成孩子成长的训练场，这取决于父母是否具备这样的信念——做好孩子成长路上的方向引导者，作为孩子信息资源的提供者，做孩子成长的耐心陪伴者。

四、让梦想照亮孩子

现在的职场人对于职业倦怠的感觉一点都不陌生，迷茫而不知方向，焦虑而无所适从。

当一个人出现职业倦怠的时候，既谈不上成就感，也没有什么幸福感。然而，有多少人会意识到，之所以会出现这样的状态，正是因为缺少梦想，缺少一个愿意为之奋斗的方向和目标，缺少一件让自己热爱的事情。更重要的是，缺少一种从小培养出来的，梦想的能力。

1. 有梦想，就不会倦怠

找到一个让人热爱的梦想，这不是想要就有的事情。从未来生涯发展准备的角度来说，如果一个人在青少年时期就有过这样的体验，那么，就会更容易在成年之后进入一种自我探寻梦想的状态。反之，一个人虽有感兴趣的领域，有热爱的方向，但在一次次被打击、被忽略、被掐灭之后，被扼杀的不仅仅是梦想本身，还有追寻梦想的能力。那么，长大成年以后，即便可以在社会上独立生存，有能力做自己想做的事情，却可能依然，甚至永远停滞在茫然而“没有梦想”的状态里。就像那只从小被铁链拴住的小象一样，无论日后它多么强壮，却再也摆脱不了一根细细的铁链了。

【身边的故事】被电台梦照亮的小妍

小妍在中考失利后，进入了一所自己并不满意的高中就读。所以在高一开始的时候，小妍就下定决心，全力以赴地学习，争取高考考上好大学。为此，她强迫自己不参与任何活动，不读任何与考试学科无关的书籍，除了学习，其他事都不做，同学们都觉得她很冷漠。

然而，因为情绪失落，小妍的状态特别不好，经常失眠。偶然的机会，她在晚上听到了一档电台节目，从电波里传来的温暖声音中，感受到了疗愈的力量。好长一段时间，就是这档电台节目陪伴她度过了焦虑。

当学校的生涯课鼓励大家订制自己的梦想时，小妍一下就想到了一个梦想：做一档电台节目，让更多和她有相似境况的人获得力量。**这个梦想，获得了很多同学和老师的支持。**

然而，梦想实现的过程并不顺利。家人不希望她因为组织电台节目而影响学习，数学老师希望她能有更多的时间参加提高班。左右为难的情况下，小妍放弃了一段时间。那段时间，小妍的**心里空落落的，像是失去了什么。**

一学期后，几经挣扎，小妍决定，**不管有多难，也一定要先完成自己的梦想。**她告诉自己，梦想依然在，必须尽快实现。于是，她又回来了。

这一次，小妍**给自己的梦想设定了明确的目标：**以青春梦想为主题，以自己的成长经历为蓝本，做一档广播剧，作为礼物送给盲校的学生。经过几个月的努力，梦想实现了，盲校孩子们的积极反馈给了小妍很大的鼓励，同时，盲校孩子的乐观，也深深地感染着小妍。

一心圆梦的小妍**被梦想激发出了很多能量，也改变了自己的状态。**

她发现，学习和兴趣是可以相辅相成的，梦想和现实是可以同时存在的。同时，她也在梦想实践的过程中，找到了自己存在的价值和意义。

追寻梦想的过程并不难理解——有自己喜欢的事情；由于了解得越来越多，而变得越来越热爱；进而希望在未来成就些什么；然后就把这件事变成了梦想，不断实现一个个小目标。但是这个过程，却并不容易——需要有人看到梦想的小火苗，去鼓励他，为他提供各种帮助；需要他在现实中克服困难，在失败中爬起来，在成功中寻找下一个目标；然后给目标赋予更大的意义，看到越来越远的地方。

2. 闪亮的榜样，成为梦想引路人

如果孩子苦于梦想匮乏，在一些兴趣之间举棋不定，父母不妨帮孩子找一些“闪亮的”榜样。任何一位杰出的榜样无不是在用勤奋的投入、百折不挠的表现和神奇而辉煌的经历来演绎着对生命的热爱。在榜样身上，孩子不仅会看到一个职业未来的样子，更会看到一种生命的状态，向上、向善、向美之心被激发，梦想自然也会萌芽。

【身边的故事】瑶瑶的芭蕾梦

瑶瑶心中有一个芭蕾梦：漂亮的纱裙，优雅的足尖，站在舞台上的自己仿佛就是一个公主。

当瑶瑶跟妈妈说想学芭蕾舞时，妈妈愿意支持她去尝试，但心里还是有点担心：芭蕾舞的优雅背后，是艰辛的付出。瑶瑶能不能坚持下来？于是妈妈决定给她找一个榜样，希望榜样的精神能够陪伴瑶瑶坚持学习芭蕾舞。

妈妈在网上搜到的第一个芭蕾舞演员，叫谭元元，曾是美国旧金山芭蕾舞团第一个华人首席。瑶瑶被谭元元跳舞的视频吸引住了，妈妈给她讲了谭元元的故事，又给她看了一张谭元元的照片，照片上那一双伤痕累累的脚，令人触目惊心。没想到瑶瑶却说："没关系。"从此，她开始关注谭元元。接下来一年多的学习，她都非常认真，从未喊过累。她想走"专业化道路"，成为一名芭蕾舞演员，期待自己有一天能够在巴黎歌剧院表演。

然而，她不得不面对的现实是，身材比例达不到艺校的要求。听到舞蹈老师这样的评价，有一段时间，瑶瑶有点沮丧，又遇上学校活动和芭蕾舞课的时间有冲突，她缺了好几次课。妈妈发现，瑶瑶对芭蕾舞的热情似乎减退了。谭元元这个"榜样"，是不是不起作用了？

2021 年，大年三十的央视春节联欢晚会，瑶瑶从 8 点开始，就一直守候在电视机旁，因为得到了消息：谭元元会上场！她几乎一刻都没有离开过电视机，怕错过了精彩的表演。当音乐响起，谭元元穿着大红裙子上场的一刻，瑶瑶目不转睛地盯着屏幕，直到结束，才依依不舍地去睡觉。谭元元在她的心中，依然是个偶像。

新学期开始，瑶瑶没有再去跳芭蕾舞，而是开始学习中国舞。她依然喜欢谭元元，喜欢她对舞蹈的热爱，佩服她取得的成就。妈妈发现，她练中国舞比以前更加努力。同时，学习也比过去更加主动积极了。以前看到不会做的数学题，她常常逃避，常常在早上赶头天晚上没完成的作业。现在遇到不会的问题，会主动问老师，每天坚持完成作业才去睡觉。成绩有了很大的进步。

有一个周末，妈妈因出差没有办法送她去上舞蹈课。过去她会选择请假。可这一次，一向不太愿意主动和人交往的瑶瑶，却要求跟同学妈妈的车去上课。她说："要学新动作了，我不想落下。"

瑶瑶的心中依然有舞蹈梦，她想考北京舞蹈学院。谭元元在她的心中已经不是芭蕾舞的代名词。谭元元优美的舞姿、极度的自律、坚韧不拔的精神，也许已经刻在了瑶瑶的心中，永远激励着她去追求自己的梦想。

给孩子寻找一个榜样，是打开孩子视野的一种方式。榜样的勤奋努力、积极向上、热爱生活的品质，都会成为孩子世界的一部分。

在孩子心中，榜样就是种子。你让孩子看到更多世界的美，让孩子看到更多为了梦想打拼、奋斗，取得成就的榜样，孩子就会效仿，会追随。榜样的力量比刻意的说教要大得多。

在孩子心中，榜样就是成长的陪伴者。生活中，遇到困难与挫折是再正常不过的事情，每一个有成就的榜样都无数次地遇到过各种各样的困难与挫折。他们的故事和经历一定会带给孩子启发和指引，陪伴孩子不断成长。

闪亮的榜样，就是孩子梦想的引路人。

3. 有梦想，孩子就会被照亮

梦想实践的过程，对孩子最大的价值，就是培养了他们的"梦想能力"：**敢于有梦，不断建构梦想的能力；勤于圆梦，持续实践梦想的能力；勇于追梦，打开视野，拓展梦想的能力。**如果你能支持一个孩子做到这些，那你就一定看到过这个孩子被梦想照亮的时刻，而你，就是这个孩子的贵人。

【身边的故事】阿平找到了属于自己的“葫芦”

阿平是个“农校生”。在当地，报考农校是很多成绩靠后的初中生的一个出路。初三时，那些觉得自己考不上普通高中的学生，就提前报名农校，只要通过了基础文化课考试，在面试过程中不出意外的情况下，基本都会被录取。

阿平很不甘心地进了这所农校，他本来觉得自己也是一个“清兵卫”式的孩子，那个初三语文课文《清兵卫与葫芦》里的清兵卫。课文里的清兵卫是个不同寻常的孩子，喜欢葫芦到了痴迷的程度，同时显现出自己的天赋异禀。然而，他的老师和父亲却看不到这些，反而打击他。老师没收了他的葫芦，父亲砸碎了他的葫芦。直到他彻底灰心，再去探寻新的热爱。

阿平觉得自己就是“清兵卫”式的孩子，爱画画、爱唱歌、爱篮球、爱电脑。只是，他不知道自己的“葫芦”到底是哪一个，因为在这些兴趣上，都是一事无成。进了农校，阿平愈加自卑了，他想，这一辈子恐怕就要和父辈一样成为一个面朝黄土的农民了。然而，没想到的是，看了学校开的课程，他才惊讶地发现，原来现代农业早已不是自己以为的那种落后和简单，现代技术早已渗透进了方方面面。

诸多课程中，他选择了3D打印。一个偶然的机会，阿平去了学校的3D打印创客工作室，当看到电脑里的软件设计模型可以通过机器打印出来任意造型的时候，他就被迷住了。“我也喜欢电脑，我也会用电脑画画，我行吗？”阿平心里嘀咕着。“为什么不试试呢？”工作室的邱老师看出了他的心思，“创客就是把创意变成现实的人。”“这句话很带感耶！”阿平心想，“我就试试把自己的创意变成现实吧。”

仿佛是遇到了“新手的好运”，阿平只用两天时间就学会了使用软件，很快打印出来一个小作品。然后，再设计，再出作品，一连做了好几个作品出来，其中一个还被老师评为优秀作品。“原来如此简单！”阿平想，“这大概就是我的‘葫芦’吧！我喜欢画画，又懂电脑，我简直就是为创客而生的！”

看到阿平热情高涨，班主任老师也来鼓励他：“阿平，给你个小任务，打印一个班级专属的粉笔盒吧！”“没问题！给我一周时间。”阿平一口答应了。

一周后，当阿平兴冲冲地拿着自己的“大作”摆在讲台上的时候，尴尬的一幕出现了：粉笔不能恰如人愿地摆放进粉笔盒里去！“这是怎么回事？测量过的数据啊。”阿平脑门上的汗都流下来了。他开始郁闷了，连班主任的安慰也听不进去。

坐在工作室里，阿平十分懊恼。环顾工作室里自己曾经引以为豪的作品，此时，似乎显得那么幼稚，全都是粗制滥造。于是，阿平开始了自我批判：心浮气躁、急于求成、不够严谨、毫不专业，而且，还自以为是、沾沾自喜。

邱老师走了过来，手里拿着两件小作品，看上去都没有做好的样子。“你看，这是我当年学3D打印时的失败品，是不是还不如你呢？”邱老师笑着说，“当时，我熬了好几个通宵找原因，查资料，参加培训班，拜师学艺。”阿平知道老师想说什么，心里平静了一些，“可是，问题出在哪？我该怎么做呢？”

“别着急，我和你一起探索。”

追寻梦想的过程，一定不会一帆风顺，遇到困难是常态。但如果因此就轻视和鄙弃梦想，那你就注定与梦想无缘。**梦想的支持者，支**

持的不仅仅是一个当下的目标，更重要的是，支持追寻梦想的勇气和决心。

在邱老师的支持下，阿平开始了真正的“创客生涯”，从一个不合格的粉笔盒开始，一件又一件作品问世了。这个过程中，阿平遇到过冥思苦想之后的才思枯竭，也遇到过豁然开朗的欣喜若狂，有时候为了设计出来一个作品，熬到了深夜一两点，被父母逼着上床睡觉，到了5点，又一觉醒来，继续回到电脑前。有段时间，父母甚至担心阿平是不是走火入魔，痴迷网络游戏了。而邱老师却说：“你开始像一个真正的创客了。”

一个真正创客所绽放的创造热情，不再是现实的困难所能打败的了。半年时间，阿平设计了近百个作品，半年后，参加全国中小学信息技术创新与实践活动，获得一等奖。阿平说：“我终于不再是一个一味抱怨被压抑束缚的孩子了，我也找到了属于自己的‘宝葫芦’，我有梦，有追求，我要做个真正的创客，有工匠精神的创客。”

现在，教室的讲台上依然保留着那个最初设计失败的粉笔盒，阿平说，那是他成长的见证。从这个粉笔盒开始，阿平不仅在3D打印上取得了成绩，而且找到了更多的自信，他带团队一起排练话剧，参加文艺会演，他自己编制了200页的3D打印教材。高三毕业时，他如愿考上了大学，选择了自己喜欢的专业。

所有这些，都是梦想带来的。**在梦想被点燃的时刻，一个孩子的梦想人生才刚刚开始。**

在梦想被点燃的时刻，一个孩子的梦想人生才刚刚开始。

当好奇心转变为兴趣，当兴趣发展为热爱，当热爱的事情中出现了一个愿意为之努力的梦想，随着梦想的逐渐清晰，一个人就会被点燃，被照亮。一旦有了一次为践行梦想而努力的经历，一个人就会获得一种独立前行的力量。这样的经历，自然是越早越好。

五、在独特性与现实和梦想之间搭一座稳稳的桥

有时候，你会不会觉得自己的孩子和“别人家的孩子”不一样？别人家的孩子，稳重大方，自己的孩子，活泼好动；别人家的孩子，能说会道，自己的孩子，内向寡言；别人家的孩子，认真细心，自己的孩子，粗枝大叶；别人家的孩子，规矩严谨，自己的孩子，古灵精怪。

说到这些不一样，其实，很多父母的内心戏是，为什么不能和别人家的孩子一样呢？

1. 独特性是孩子难得的珍宝

虽然我们知道每个孩子都有独特性，都有自己的优势，将来会有不一样的发展。虽然我们也都知道不同的职业有不同的要求，不同的工作岗位需要不同个性的人来展示才华。但是，在现实中，作为父母无法回避的一个事实是，在基础教育阶段，在学校相对统一的评价体系中，有些个性就是很难获得积极评价。如果老师不喜欢，同学不喜欢，成绩考不好，自信心培养不起来，还谈什么将来呢？

这也是很多父母谈到“素质教育”，谈到“独特性”，谈到“梦想”的时候，总是本能抵触的原因——别谈那么远，先把眼前的事做好再说。作为一个学生，你得先要学习好，得到老师的表扬，才能再说未来。

这是一个容易理解却不能苟同的逻辑：**难道孩子独特的个性与**

现实就一定是矛盾的吗？难道适应现实的方式就只有“乖巧”“勤奋”“听话”才能做到吗？

【身边的故事】肖肖的那条咸鱼

肖肖是个10岁的女孩，她活泼爱动，思想活跃，喜欢画画，总有很多奇思妙想，被同学们称为“艺术家”。她做过一本指甲盖大小的迷你小书，用一个茶包做过一只愤怒的小鸟。还有一次，上课的时候，肖肖用勺挖墙壁，她想在墙壁上挖出一幅图画，不过，作品还没完成，就被老师批评了。老师说她上课总分心，学习不认真，态度不端正，有点小聪明。

肖肖却不以为然，觉得老师只是不理解自己而已，并没有当回事，依然我行我素。有时候回到家，和妈妈谈起学校的事，还对一些“班干部”“学习好的同学”不以为然，觉得他们也未必有那么好。

如果你是肖肖的父母，会不会有些焦虑呢？有人会担心，这么好的苗子，不好好培养就耽误了；有人会担心，从小不认真，长大了怎么办；还有人会担心，会不会被老师嫌弃，边缘化了怎么办。每个孩子都是独特的，把孩子的独特性妥妥地安放在现实里，是每一位父母要努力做的事情。

2. 给孩子的独特性找到出口

从近处说，发展独特性，可以帮助孩子愉快而满怀成就感地成长。从长远讲，珍视自我独特性，能够给独特性找到出口的孩子，会很好地自处，又善于适应环境。想想看，成年人世界里的无奈，何尝不是

因为个人独特性无处安放而产生的苦恼呢？

肖肖妈妈是怎么做的呢？

妈妈找到机会和肖肖谈梦想，想鼓励她变得更加积极主动，于是，就问她，“在学校，在同学眼里，在老师眼里，**你希望成为一个什么样的人？**”肖肖说，“希望成为学校的焦点，希望受到更多人的关注。”于是，妈妈就和肖肖一起探讨，**什么方式**可以使她成为学校的焦点，又有哪些方式是她可以做到的。

在探讨的过程中，分析到了肖肖的独特性，比如，有创意，会画画，善于展示，思维敏捷，记忆力强。这些独特性似乎都是一些“优点”，于是，妈妈又引导肖肖，**这些独特性在展示和发挥的时候，会有什么影响。**他们看到，这些创意会给大家带来快乐，也会吸引人们的注意，但，与此同时，如果处理得不好，会让老师觉得是不遵守纪律，是骄傲，是显摆浮夸。分析完，肖肖似乎明白了什么，说道：“以后，**我得好好使用我的‘独特性’了。**”

在这里，肖肖妈妈并不是从一般社会评价的角度去打击孩子，也不是打着发现独特性的幌子来“矫正孩子”，而是帮助孩子寻找自己的梦想，找到内在的动力。然后，在梦想和独特性之间，帮助孩子建立一座桥梁，桥梁搭起来，动力才会产生。

接下来要做的就是，通过践行，**借由独特性来实现梦想。**这就需要在现实中发现机会，找到一个个落脚点了。

独特性的使用和发挥是需要引导的，肖肖妈妈在寻找这样的机会。

有一次，在专业学习之后，妈妈把自己的笔记拿给肖肖看，请她帮忙把文字内容转化成图画。于是，妈妈一边讲，肖肖一边画，过程中，肖肖还时不时地进行沟通和确认，根据反馈，再进行调整。经过两个小时的合作，一幅课堂笔记的视觉呈现就画完了。这样的画面让妈妈非常惊讶，这可是没有专门学习过视觉呈现的一个10岁孩子的作品！妈妈给了肖肖极高的评价，说这是“宇宙唯一”，并且告诉肖肖：“这就是你的独特性啊！”肖肖开心极了。

有一天放学回来，肖肖一副若有所思的样子，妈妈关注到了，就问：“怎么一向开朗外向的女儿也有了心事？”肖肖说：“妈妈，班里选中队长，你说，我参加吗？”以前，对于这样的事，母女都不太关注，可是这次，因为分析了独特性，因为说到了“想成为焦点”的梦想，肖肖就关注了这个机会。

经过分析，肖肖发现，成为中队长，确实可以实现她的一个梦想。于是，母女俩就开始准备。演讲稿要突出特色，要考虑作为中队长可以给学校做的贡献，给同学带来的价值。这么一讲，肖肖发现了自己独特性的很多亮点。“那就在演讲中用到你的画吧！”妈妈鼓励道。“好啊。”看得出肖肖特别兴奋。

在梳理演讲稿的过程中，肖肖无意中说：“看来，这次咸鱼也要翻身了！”妈妈忽然灵光一现：“那就以咸鱼翻身为题做一幅画吧！”说干就干，肖肖很快就画了一幅咸鱼翻身图，一

条站着的咸鱼，手上拿着一根魔法棒，发着粉色的光。演讲时，肖肖说：“如果你曾经以为自己也是一条咸鱼，如果你相信咸鱼也会翻身，请投我一票。”当肖肖举起了这幅咸鱼翻身图的时候，全班沸腾了。

肖肖如愿当选了中队长。

从此以后，肖肖更加关注自己的独特性了。她会想如何为班级美化做贡献，她会想如何为同学们准备圣诞礼物，她会想制作一些激励卡片，送给考试成绩不理想的同学。同时，作为班干部，她上课也更加用心，作业也更加认真了。

一个小梦想，会带动更多梦想。而小梦想，就是从认识自己的独特性开始的。

3. 为独特性与现实和梦想架起一座桥梁

“搭桥法”为独特性与现实和梦想架起一座桥梁。

现在我们详细说说在现实中安放孩子独特性的“搭桥法”。

第一步，我们要关注三个桥墩：**自我独特性、现实的机会、梦想和期待的价值。**我们要做的就是把每个桥墩的内容丰富起来，并且在三个桥墩之间，搭起两座桥梁。

和孩子**一起梳理他的独特性。**注意，父母先不要进行评判，特别是不要用“一般的社会评价”来评说好坏优劣，只要是孩子身上独具的特点，就用客观的词汇描述出来。甚至**可以把一些可能是负面评价的词，用积极的方式表达出来。**比如，把“爱分心”换成“思想活跃”。

和孩子一起写出他最希望实现的梦想或者期待的价值。

和孩子一起头脑风暴，**寻找在现实中可以获得这些价值的机会。**先不要考虑能否实现，也不要去想是否愿意，就只是结合孩子当下阶段的学习、生活中可能实现的机会尽量写出来，越多越好。比如，考试第一，参加比赛，发表习作等。

第二步，在“现实的机会”和“梦想和期待的价值”之间连线，凡是通往梦想，或者可以实现期待价值的机会，都对应地连上线。

这一步，尽量让孩子自己考虑。父母可以给一些支持，但是**绝不能代替孩子来做，更不能强迫孩子连线，那就失去了连线的意义。**如果孩子没有看到机会与价值之间的关系，可以安排孩子通过访谈、体验等方式加深理解，但是，要注意，只有孩子看到了现在的事情与自己的期待之间的关系，内心才会产生真正的动力。

第三步，在可以使用的独特性和现实的机会之间连线搭桥。让孩子问问自己：“**如果充分发挥自己的独特性，有什么方式可以获得现实的机会？**”连上线，并在每条线上写出要实现的必备要素。

比如，独特性中的“创意”和现实的机会中“竞选中队长”之间搭桥，桥上写“有创意地准备演讲”。再比如，独特性中的“认真”和现实的机会中“考第一”之间搭桥，桥上可以写“认真完成每一次作

业，认真复习”。

最后，问问自己，这两座桥搭得坚固吗？

如果从独特性出发，这样做，是否能得到现实的机会？如果不能，还需要做些什么？换一种颜色的笔，再连一条线，这是对桥的加固。

如果从现实的机会出发，得到的价值是自己期待的吗？还有什么机会可以实现这些价值？还有什么梦想可以从现在开始做起？增加机会，增加连线。

这样，孩子的独特性与现实和梦想之间，就产生了稳固的连接。重要的是，一次次这样的训练，可以帮助孩子建立一种积极乐观的思维模式。

第二章

培养孩子面向未来世界的能力

父母都希望孩子有一个美好的未来，也都非常清楚，美好的未来是建立在孩子对未来的把握能力上：有规划的能力，可以规划让人安心的方向；有应变的能力，可以适应各种变革；有持续成长的能力，可以从各种结果和反馈中持续进步。

要实现对于美好未来的规划，做一个可以成事的高手，要回答以下三个问题。

规划的起点是什么？我们要对未来的蓝图进行设计，在学科选择、专业选择、职业发展上，形成一些选项。在这些选项中进行决策，然后，准备持续不断地通过行动靠近目标。那么这一切规划的起点是什么？规划的起点，既包括对自我的认知，也包括对未来的期待，还有对当下资源的盘点。

过程中的应变是什么？计划随时可能会有变化，短到一天，长则一两年，变化无处不在。这样的变化，既有可能来自外界，也有可能因为内在的成长调整而发生。如果没有对变化的应对，我们回首最初的想法时，或许会发现都已经大相径庭、面目全非了。

成长是什么？做一件事，如果最后的结果与设定的目标相符，我们把这样的结果叫“成功”。在现实中，所谓的成功，只是诸多结果中的一种，而且，即便成功，也不见得令人满意。我们在有些纠结，也有些无奈的时候，需要关注另一个维度：你的成长是什么？成长维度是每一个人都可以觉察、发现和总结的，也是会带来持续前行动力的。

培养孩子有能力面对一个未知的世界，知道如何通过做成一件又一件事情来成就自己。这正是父母要做的。

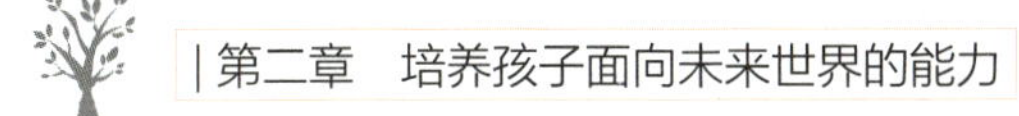

培养孩子有能力面对一个未知的世界，知道如何通过做成一件又一件事情来成就自己。

一、规划未来，拥有说了算的人生

一个人做规划，起点在自己这里。自己的特点、优势、兴趣、爱好、梦想，自己周围的环境、家族传承、榜样人物都是规划的起点。一个人无法离开自己做规划，所以，要早早地拓展视野和格局，让自己的内涵更丰富。一个人无法离开自己做规划，所以，要学会把握每一个决策点，和自己离得越近，将来走得越顺。

1. 规划的起点在自己这里

作为父母，我们帮助孩子做未来规划的时候，都要考虑些什么呢？

如果看重可能性，就从梦想出发；如果看重成功，就从优势出发；如果看重当下的行动，就从行为方式的特点出发。从哪里出发，关注点就在哪里，自然也能收获到哪里的价值。

【身边的故事】规划出来的志在必得

小航平时话不多，和同学也不爱多聊，大家都觉得他性格怪癖，太过自负。但他对于动手操作的事情，总是很有兴趣。初中时，小航就开始参加电子机械拓展课，到了高中，有一次参加市里举办的“未来工程师”比赛，还取得了一等奖的成绩。

小航在高一的时候，就对自己的未来有了规划，结合自己的优势，他决定将来要读机械制造和维修类的专业。父母给了他很多支持，帮

他收集信息，假期的时候带着他去一些大学参观。

有一次，爸爸问他：**“如果只有一个你想读的专业，那是什么？”**

“航空维修。”小航不假思索地脱口而出。

“原因呢？”爸爸问。小航说：“我看了这个专业的课程设置，还蛮喜欢的，看了介绍，与其他工科专业相比，人才紧缺，需求量大，将来待遇也不错。”（这是从爱好以及未来的价值来考量了。）

“你准备考哪里？”小航很自信地说：“我选好了两所学校，准备参加春季高考，只要笔试通过，凭我之前获奖的情况，面试应该不是问题。”（这又是从优势出发了。）

“有多大的把握呢？”“志在必得。”

做出参加春考的决定之后，小航就背水一战了，他放弃了与春考无关科目的学习，全力以赴准备春考。最终，他如愿以偿地进入了自己满意的专业。

毕业后，在和老师的交流中，小航总结说，自己能考上理想的学校，**最关键的因素，就是盯紧了自己的目标，把全部的精力和时间都投入了进去。**虽然过程中也会有各种干扰因素，但他一直都在提醒自己：**一定要记得当初做出选择的原因。**这样，即便会出现意外，他也不会有什么遗憾。

小航和爸爸的对话，就是一个不断进行自我澄清的过程，有些地方可能已经很清楚了，那就作为我们选择决策的依据，有些可能还没有答案，那就积极主动地探索。

我们在帮助孩子做规划的时候，要记得，规划的起点是孩子自己。这并不是说，父母不要给意见，完全听孩子的想法。恰恰相反，如果不帮助孩子进行足够的探索，他们根本没有想法。

支持孩子做未来规划，父母要做的，有两件事非常重要。一是帮助孩子拓展视野，认识自己，一定要让他们自己有想法；二是要培养孩子独立思考的能力，不要被“别人的想法”左右。在平时的教育中，这两件事其实可以一起发生。

关于拓展视野，父母越来越重视了，一有机会就带着孩子出去旅行、参观场馆、逛书店，见见世面。与此同时，父母还要知道，拓展视野只是教育手段和方式，要帮助孩子建立起自己的认知，对“别人的观点和想法”要有觉察，有判断。这样，才会有定见。

2. 规划的归宿是期待中未来的样子

我们之所以做规划，是因为对未来有期待，希望通过规划来实现目标。这是人们对于生涯规划无可厚非的理解，然而，事实上，很多孩子的“规划障碍”，恰恰就是出现在这里。有些孩子没有“自己的”未来，只是被父母要求：考试分数高。在这样单一维度之下，孩子很容易倦怠，遭遇挫折、产生变数的概率也会比较大，规划就容易崩塌。

【身边的故事】过于看重分数的婷婷

婷婷是典型的学霸，上了高中以后，成绩一直都是年级第一，老师们说，她将来一定是“清北复交”的料。在规划未来的时候，婷婷也是以分数为导向的。在她看来，读什么专业不重要，远远超过分数线，选择余地才大。

在平时的学习生活中，婷婷越是看重分数，就越是紧张，越是不自信。她总认为，自己的分数是偶尔的、暂时的，必须不停努力。与

此同时，老师们感觉，婷婷又总是对周围人有一种不屑的态度，内心仿佛在拿着分数的尺子衡量着别人，所以她和同学们的关系也不太好。

最后的高考还算顺利，成绩也属于正常发挥，但是婷婷又低估了自己，志愿填报不理想。后来，父母和老师沟通时意识到，婷婷对未来并没有思考，自己的一些弱点被好成绩掩盖了，将来上了大学，有些问题可能会暴露出来。

对于婷婷来说，似乎有明确的目标——考高分，但似乎又没有目标，因为**她不清楚分数对自己真正意味着什么。**这样的孩子就像是大海中没有航向的船，只能跟着风跑，即便驶入一处港口，也会茫然失措，迷失自己。

【身边的故事】为了画画而“发疯学习”

萧然学习成绩不好，性格内向，总被同学欺负。父母准备让他上职校，学习汽修，掌握一技之长，早早出来工作。帮他把学校联系好了，将来的工作单位也安排好了。可是，萧然有自己的想法：他想学画画。

这个想法没有得到父母的支持，他们认为，学画画没有出路，当画家的希望十分渺茫。而且文化课成绩不好，考大学也没戏。萧然找到了自己最信任的班主任许老师。

许老师问他：“你有多想学画画？”萧然说：“做梦都想。”他回忆说，小时候有一次学校组织看画展，他痴迷地观赏着一幅幅画作，掉队了自己竟然都不知道。他想做一个山水画画家，想办自己的画廊，想让自己的画作漂洋过海。许老师被萧然描绘的画面打动了。在平时，如果和爸爸说起这些，萧然会被骂“白日做梦”的。

许老师和萧然一起分析：如果学画画需要什么条件。别的都好说，唯独卡在成绩上，虽然艺术专业要求的文化课成绩比较低，但是萧然还是有一定差距。“我要补课！”看到了差距，萧然下定决心，一定要把文化课成绩搞上去。

大半年的时间，萧然爸爸说，不知怎么了，他“发疯了一样地学习”。萧然的努力不仅感动了父母，还取得了很大的进步。最终，他没有去职校学修汽车，而是考上了一所艺术大专。萧然说，虽然和梦想还有距离，但他会一直努力的。

父母帮助孩子规划未来，不是告诉他考一个好分数就够了，也不是硬塞给孩子一个父母以为的“好目标”，让他们制订好计划去执行，父母**要帮助孩子构建超越目标之上的梦想和愿景。**分数固然重要，对于孩子来说，**只有建立了更长远的目标，孩子才能绕过分数产生动力，也才能把考试当作一个手段，真正自主地找到达成目标的方法。**

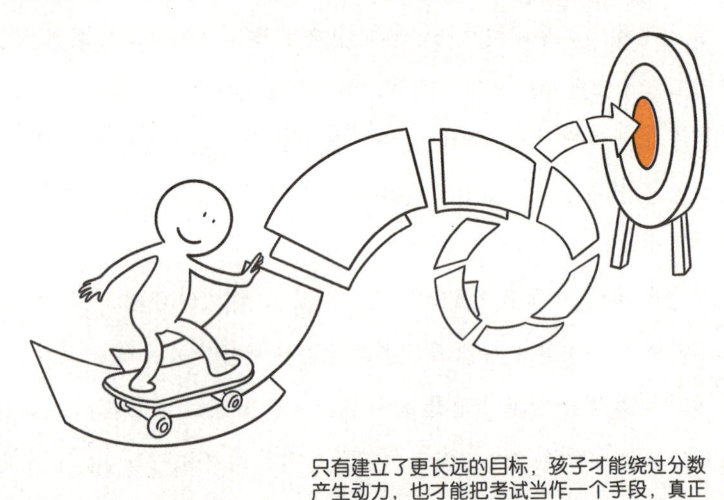

只有建立了更长远的目标，孩子才能绕过分数产生动力，也才能把考试当作一个手段，真正自主地找到达成目标的方法。

3. 应对变化，是规划的重要落脚点

很多人不屑于做规划的原因，是觉得外界变化太快，做了规划也要改。其实，这是还没有理解“规划”的真正意义。应对变化本身，就是“规划”的应有之义。

【身边的故事】不断升级的话剧梦

小洁是一个性格活泼、善于交际的女孩，学习成绩处于中上等。她不认为读书是唯一的出路，更看重能力发展，所以涉猎也很广：社团活动、各类比赛，只要感兴趣的事，她都会试一下。在学校的选修课上，因为特别擅长组织活动，被大家选为话剧表演团的团长。

话剧课程本来的计划只是让学生们体验一下话剧表演中的不同角色，任课老师还在少年宫邀请了话剧演员来学校做指导老师。在第一学期要结束的时候，小洁主动找到任课老师，提出了一个让老师惊讶的请求：希望能够把整个话剧表演出来。

表演话剧和体验话剧是完全不同的事情，需要老师指导的内容也不一样，这就涉及和指导教师的沟通问题。还有后续的安排，排练效果的保证等一系列问题。任课老师既觉得小洁的想法很好，值得鼓励，又有顾虑。

当任课老师把这些想法和小洁说了以后，没想到，小洁说：“老师，如果您觉得不方便和指导老师沟通，我去和她沟通。”老师同意后，小洁主动找了指导老师，搞定了这件事，还在假期安排了两次集中排练。后来，指导老师和任课老师说，她是被小洁的热情感动了，一般都是学校和机构出面邀请，从来没有一个学生来邀请，她决定支持孩子的梦想。

从体验话剧到真正地表演话剧，这样的变化，已经超出了原来的计划。第二学期，小洁和同学们商议，不仅要真正表演话剧，而且要公开演出。如此一来，过程中的变数就更多了。如老师所预料到的，在这个过程中，出现了很多困难。

有的同学没有信心想要退出；家长担心耽误学习，不同意节假日排练；经费不够，需要自己筹措……

困难重重，然而，小洁并没有退缩，和同学沟通，说服家长和老师，带着同学街头众筹……过程并不顺利，他们屡次遇到挫折，有掉眼泪、显脆弱的时候，调整状态之后，又是重整旗鼓、情绪饱满。

最后，话剧表演圆满完成，这件事也作为一个成就事件永远留在了孩子的记忆里。

人生中，总是你有自己的计划，而生活总会出其不意地降临一个变化。作为父母，帮助孩子提升规划能力，一定要关注孩子对变化的应对，关注过程中能力的提升——认识自己的能力、确定目标的能力、制订计划的能力、应变调整的能力、实现目标的能力、复盘总结的能力。

关注这些能力培养的时候，目标实现就成了一种训练的手段。毕竟，能决定孩子未来的，不是一次两次的考试分数，而是一点点积累起来的，独立面对未来的能力。

二、时间管理，让孩子学会管理自己

即便对于成年人来说，时间管理也是一个让人头疼的问题。时间作为一种资源，总是不够用。不仅如此，在感叹“时间都去哪儿了”的同时，有时候还会有一些懊悔：怎么如此混乱？为什么又浪费了大把的时间？要做的事情没有做，为什么鸡毛蒜皮的小事总是填满生活？

时间管理并不仅仅是一个技巧问题，综合了一个人对于目标的管理、精力的管理、社会关系的管理、心理状态的管理等好多方面。本质上，是一个人对自我的掌控。时间管理，不只是在管理时间，更是在管理自己。时间管理，不仅是一种能力，更是一种状态的呈现。

对一个孩子来说，在开始有规律作息的时候，在开始认识钟表的时候，在学会用闹钟的时候，就开始了对于时间的启蒙。进入了学校，开始了学业，忽然，父母发现，小家伙们的时间也开始不够用了。他们的状态，又该如何调整呢？

1. 出现拖拖拉拉的现象，要先找出状态背后的原因

【身边的故事】淘淘成了时间管理达人

淘淘是一个正在念初一的孩子，自打进入初中以后，就跟变了个人似的，不是变好了，而是——很糟糕。小学的时候，他学习成绩很好，数学还总考满分。进入初中以后，就总是考试不及格，每周末都

找老师补课，结果，越补越差，最近一次竟考了30多分……

淘淘妈妈找到了咨询师许老师，沟通的时候，许老师分析：孩子进入初中，势必经历一个不同学段之间过渡的问题。小学的学科要求比较简单，作业量少，学业压力也没有那么大；而进入初中，难度有很大提升，学科增加了不少，作业量也变大了。同时，班级管理也有很多不同，从原来老师的贴身督促，到开始自主管理，需要孩子具备很强的自控能力和主动性。而此时的孩子恰恰处于十二三岁，好奇心强，注意力不容易集中，易受同学影响，学习也容易盲目和随意，不太会规划时间。

“对对对。”说起这个话题，淘淘妈妈就特别有感触。“虽然有时候知道不对，但我总是忍不住会发脾气。就拿上周五来说吧，放学后，我看了他的作业，发现作业量特别大，就提醒他抓紧时间做作业。然后，周六提醒，周日上午又提醒。结果呢？他就是不紧不慢，结果到了周日晚上，十二点了，作业还没有做完！剩下的都是背诵的内容，如果分开来背，也不是问题，都拖到周日晚上，怎么背得完？本来和别人比就有差距，现在好了，背诵完不成，周二口试就够呛，周三也来不及复习，周四还要准备PPT，周五要考试……”

听完淘淘妈竹筒倒豆子一般的倾诉，许老师问：**“你都是怎么提醒孩子的？”**

“问他啊，你作业做完了吗？可是他总说，‘嗯，一会儿做，你别管了。’我就以为他什么都知道的。”淘淘妈还是在生气，“看着他这么磨磨蹭蹭的，我的气就不打一处来，你说，他怎么一点都不像我？”

许老师笑了：“你有没有想过，**这是淘淘想要的状态吗？**难道他也想做不完作业，然后被老师批评？难道他也想考试考得很糟糕？为什

么会拖拖拉拉？为什么会拖延散漫？当孩子在学习中没有自信，只有失败的气馁和不能完成的焦虑时，手忙脚乱和拖延散漫，只是**孩子的一种逃避方式**而已。”

淘淘妈若有所思地安静了下来。

“我们一起**帮助淘淘先找回自信吧。**”许老师说，“你回去先和淘淘聊聊，看看问题出在哪里，愿不愿意在别人的帮助下把时间安排好。另外，很重要的是，如果愿意，淘淘可以把课外补课先停掉，这样可以**省出好多时间，减少不必要的焦虑，先聚焦，把学校的事情做好。**”

许老师的这次咨询，帮助淘淘妈做了一件重要的事情：**把对时间管理的注意力转移到对孩子状态的关注上。**很多父母只是盯着事情，盯着学习成绩，就会认为，这只是时间管理的问题，只是学习方法的问题，然后再看孩子，怎么总是不抓紧时间？怎么总是学不会？焦虑就来了，愤怒也就来了。可是，父母没注意的是，方向完全偏了。

2. 规划时间，从掌控时间开始

帮助孩子做好时间管理，就是帮助孩子调整状态。父母要做的，首先就是关注孩子，帮助孩子建立管理时间、自主安排时间的意识。**时间规划，是从能够掌控自己生活开始的。**

第二次咨询的时候，淘淘妈带着淘淘一起来的。经过咨询，许老师发现，淘淘也特别希望把时间安排好，但是每次制订学习计划的时候，自己做的那一版计划总被妈妈否定掉。妈妈觉得，效率还可以更高，可以做的事情还可以更多，时间安排不能那么松松垮垮。

许老师发现了问题：**不是自己制订的计划，当然不愿意执行了。**于是，经过沟通，淘淘妈虽然带着怀疑，但第一次同意，这个周末的时间让淘淘自己安排。咨询结束的时候，许老师说，“那我们做个约定吧，如果淘淘按照计划完成了作业，**剩余的时间就由他自己来安排。**”“好啊，没问题。”从眼神里可以看出，淘淘妈似乎有一点不太相信淘淘可以按时做完作业。

时间感如何建立？不是你告诉孩子，一小时有 60 分钟，他就知道一小时可以怎么安排了。需要在具体做事的过程中，让孩子自主完成一件事，并且感受效率、节奏，进而感受时间的长短，感受自己对于时间的掌控。

在最开始规划时间的时候，父母一定要帮助孩子建立一种有效率的时间使用节奏，以后他自然就会适应这样一种节奏了。如何建立有效的时间使用节奏呢？**先要帮助孩子建立一个有成就感的目标。**

什么是有成就感的目标呢？比如，做完事情，就可以自由安排时间。紧张之后的自由，就是一种成就感。再比如，设定计时器，不断挑战完成速度和准确率。在不断挑战的过程中，也会建立成就感。这样就会无形中建立一种积极的反馈：**有效率地完成，就会有成就感。**

为了追求成就感，孩子自己也会提升做事的效率，进而会琢磨如何提升效率，然后才会回到时间规划上来。

淘淘妈给许老师打电话说，淘淘在周日下午四点就完成了作业，比原计划还早了两小时。本来妈妈想让淘淘再把英语课预习一下，可想到许老师的嘱咐，还是忍住了，告诉淘淘：“这两个小时是你自己节

省下来的，你可以自己安排了。”

淘淘兴高采烈地去小区篮球场和伙伴们打了一场篮球，他太开心了！这是上了初中以来第一次这么痛快地玩！

许老师告诉淘淘妈，可以和孩子**一起复盘：怎么做到的？**

晚饭后，淘淘妈和淘淘专门聊了聊这个问题。他们发现：早上的时间特别重要，如果周末不睡懒觉，早起一小时，就可以早早地把最难的背诵作业做完，下午就肯定可以早早完成作业，就会有更多时间去打篮球了。

他们还总结出了时间的“相对论”：做自己喜欢的事情时，比如看动画片、玩游戏、打篮球，时间就过得特别快；做自己最不喜欢的数学题，感觉时间就像个蜗牛，半小时都很漫长；淘淘经常在做作业的时候爱走神，一走神，时间就会像闪电一样过去。

没等妈妈说，淘淘自己总结：“看来，以后我得提醒自己不能走神，得尽快做那些最难的学习任务，然后腾出时间来做喜欢的事情。怎么做呢？用计时器吧。”淘淘自问自答。

从此以后，妈妈就再也没有改过淘淘的学习计划了，她发现孩子可以把时间安排得很好。

当淘淘妈和许老师说起这段时间淘淘的变化时，许老师明显地感受到了淘淘妈的轻松愉悦。淘淘不但能按时完成作业，听课也认真了，还会主动举手提问了。

3. 一旦成为时间的主人，资源就在身边

许老师提醒淘淘妈：不要过多干预孩子，要充分信任孩子有能力处

理问题，妈妈要做的，最重要的就是和孩子一起复盘，提升孩子的时间管理意识，如果孩子需要，也可以分享一些方法，提一些建议。但是，所有这些，都是为了让孩子更有信心，帮助孩子“成为一个好孩子”，而不是让孩子更自卑、更无助。这次，更加从容的淘淘妈听进去了。

又过了几天，她来和许老师分享了一件让她特别有成就感的事情。

周末，淘淘安排了自己喜欢的编程课和围棋课，但是正逢期中考试复习，作业特别多，淘淘也想好好复习，准备拿到一个好成绩。时间不够用，这可怎么办？淘淘开始焦虑了。他忽然想到了在职场上特别能干的妈妈，妈妈管理着一个团队，每天做好多事，还能照顾家，她是怎么做到的呢？

这次，**淘淘主动向妈妈求助了。**

听到淘淘的求助，妈妈心中窃喜，她想了想，言简意赅地传授了时间管理的三个秘诀：第一，确定目标，看看自己一定要做的，都是些什么事；第二，要事优先，先做最重要的事情；第三，充分利用所有资源，边角料时间啊，别人可以帮忙做的事情啊，都整合起来。

听完妈妈的秘诀分享，淘淘一下就兴奋了：“我知道该怎么做了！”

淘淘制订了自己的周末计划：先完成自己最担心的数学复习，早晨起来背英语和语文，白天去上课，晚上和饭前时间复习别的科目。他还请求妈妈帮助他一起复习。上围棋课的路上，淘淘和妈妈说，没想到，原来一天时间可以做那么多事情，安排时间就要像下围棋一样，既要顾全大局，又要稳扎稳打。

妈妈说，她好久没有看到儿子这么兴奋地谈论自己的学习了。她和许老师说，今天就是期中考试，不管考得怎么样，回来都要给淘淘

一个大大的拥抱。

和大人一样，孩子需要管理的不仅仅是时间，更重要的是自己的状态、目标、行动，还有信心！作为父母，帮助孩子提升时间管理能力时要注意：

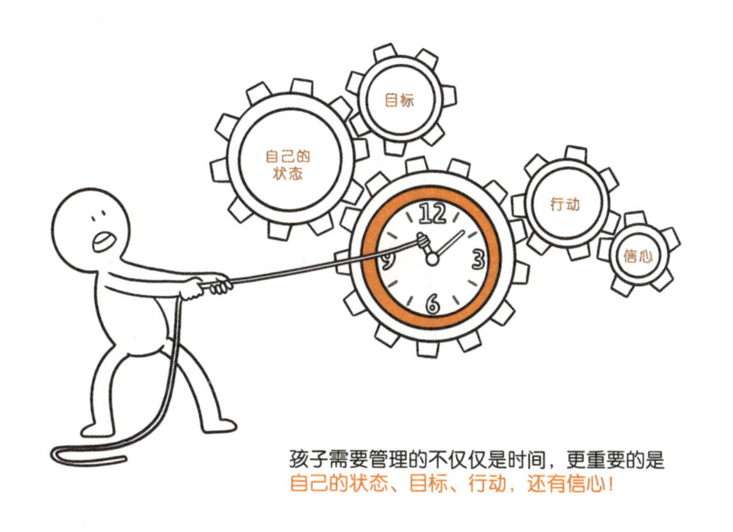

孩子需要管理的不仅仅是时间，更重要的是自己的状态、目标、行动，还有信心！

① 一定要先关注状态，调整状态，找到问题的症结所在。

② 通过建立有成就感的目标，帮助孩子建立对于时间的意识。

③ 制订计划的过程，是孩子发挥自主性的过程，做愿意做的事，才会有执行的动力。

④ 完成计划之后及时进行复盘，在不断调整迭代中，提升时间管理能力。

⑤ 遇到困难和冲突的时候，要让孩子学会主动求助、主动学习，让自己的能力升级。

三、孩子的未来，谁决策

在人的一生中，我们需要做无数个各种各样的决策，小到每天穿什么衣服，中午在哪吃饭，大到在哪个城市生活，从事什么职业，选择什么样的配偶。可以说，做决策，是生涯发展过程中的一个重要课题。

1. 生活场景是训练决策能力的真实情境

决策能力不是需要记忆的知识，也不是可以速成的技能，该如何培养呢？父母要做的就是，在日常生活中，抓住每一个需要决策的机会，把更多的决策权让渡给孩子，帮助他们一点点成长起来。

【身边的故事】毛毛自己选糖果

毛毛在两岁的时候，逛超市时，他已经知道自取物品，去收银处结账。爸爸每次都告诉他，只能买一样东西。

于是，他会在结账的时候，把装到购物筐里的糖果拿出来比比看。有时会带着乞求的眼神问："爸爸，能不能买两样？""不可以，我们来之前说过的，每次只能买一样。"于是，毛毛再次纠结之后，最终选择一种糖果去结账。

选择，是成年人常见的一种生涯难题。然而，对于一个两岁的孩

子来说，从几种糖果中选择一种的难度，和成年人从几种职业中选择一种的难度，并没有什么区别。如果每次都能让孩子身临其境地进行选择，并且为自己的选择负责，那么在一次次历练中，孩子的决策能力自然就提升了。

进行决策，涉及方方面面，需要了解很多外部信息，也需要了解孩子的特征、天赋、兴趣爱好，还需要了解未来发展趋势，同时，决策也受到资源、条件、环境等因素的限制。在一个孩子的成长过程中，教育阶段就涉及选择学校的决策、选择班级的决策、选择兴趣班的决策、选择课外补习的决策、高考选科的决策、高考选择大学专业志愿的决策。

如何做出一个好决策，是困扰人们的问题。而好决策的标准是什么？人们又都说不清楚。一个当下看上去不错的决策，过了几年，可能就是一个遗憾。一个无可奈何时做出的决策，可能很快就会出现“剧情反转”。

【身边的故事】选考级还是选定向

小岚喜欢舞蹈，她心里有个“芭蕾梦”——想成为芭蕾舞明星。因为她有舞蹈功底，老师让她直接上了四级班，她也很努力地练习，期待着暑假的考级，如果通过了考试，就能获得一个水晶奖杯，而不仅仅是一张纸质的证书。

在小岚心里还有个“定向梦”——用脚去丈量世界，跑到瑞典，跑到芬兰……小岚是学校定向队的队员，在放假前，老师发出了集训的通知，时间正好和芭蕾舞考级的时间冲突。小岚喜欢定向运动，并且进定向队的机会很难得，作为新队员，不训练会更加跟不上。但是舞蹈练了这么久，不考级又太可惜了，渴望了很久的水晶奖杯，眼看着就到手了。

练好定向，有机会外出旅行；参加舞蹈考级，可以拿到奖杯和证书。是去参加定向训练，还是去考级？小岚很纠结。

“哪一样对你来说更重要呢？”妈妈让小岚自己做决定。小岚考虑了一晚上，第二天一早做出了选择：“我还是去参加定向训练吧，因为明年还可以考级。”

在芭蕾舞期末汇报表演时，小岚班上的其他同学都穿上了美美的考级服，只有小岚依然穿着练功服，妈妈不免替她心生遗憾。而舞台上的小岚依然认认真真地展示自己，没有表现出丝毫的不自在。

表演结束后，妈妈关切地问小岚感受如何，小岚说，这是她自己的选择，没有什么可后悔的，如果再来一次，她还是会做同样的选择。在她心目中，出去看世界，似乎比什么都重要。

没有什么选择是绝对的好选择，父母要帮助孩子体验决策的过程，要看到自己在意的事情背后隐藏着什么价值，更要帮助孩子学会为自己的选择负责，学会承担每种选择的后果。在一次次体验中，孩子的决策能力就悄无声息地提升了。

2. 参与决策过程，是孩子成长的必经之路

在日常的生活中，我们看到更多的是另外两种方式：父母要么完全不管，完全放任，只要孩子提出要求，就一定满足，根本不需要做决策；要么严格限制决策空间，全部包办，让孩子只关注考试成绩就可以了。这两种方式，都是在剥夺孩子的成长机会。

父母之所以意识不到这一点，往往都是从“为孩子好”出发的。为孩子好，给他更大的选择空间，殊不知现实中的空间并没有那么大；

为孩子好，帮他做决策，殊不知没发展出来决策能力的孩子，在独立面对真实场景时将会手足无措。

【身边的故事】石头被剥夺的选择权

石头是个单亲家庭的孩子，在他八岁的时候父亲意外身亡，后来就一直是妈妈一个人外出务工撑着一个家。为了让石头不受家庭变故的影响，妈妈付出了全部的努力——让石头上寄宿学校，创造集体环境，让他有人管；和老师保持联系，为孩子争取更多的资源支持；对债主承诺，一定会把欠的钱还清，让孩子能够堂堂正正做人；为了不让孩子受委屈，自己省吃俭用，尽量给孩子最好的日用品。

石头很懂事，小学时候的学习成绩一直不错，虽然生活环境不断变化，但他都能适应，虽然不可避免地受到一些影响，但是这些经历给他幼小的心灵带来苦难的同时，也带来了激励。石头说："我要努力学习，成为有出息的人。"看着这般懂事的孩子，不禁让人心生怜爱。

可是，上了初中，一切似乎发生了逆转。石头的学习成绩逐渐下滑，到了初三，成绩竟然退步到了连考上普通高中都困难的地步。后来，妈妈从老师那里了解到，石头经常不听课，老师多次找他谈话，鼓励他，也不起作用。最后，中考成绩不理想。

为什么会出现这样转变呢？

在一次和小学老师谈话的时候，石头把自己的心事说了出来。他问老师："妈妈为什么给我选择了一所那样的初中？我有那么差吗？"原来，在小学毕业时，为了让孩子能进入一所不错的初中，妈妈到处打听，最后选择了一所可以寄宿的私立学校。选择这所学校的原因，妈妈说是因为认同校长的办学理念。可是，在石头看来，这所学校有些同学成绩不好，是迫不得已才来到这里上学。“我原本可以上重点初中的。在这么差的学校里，与这些同学为伴，有什么好读的？”正是这样的原因，让石头放弃了努力。

听到这样的原因，妈妈和当初帮忙给建议的小学老师，都非常后悔。因为做出这样的决策，完全是大人们的主意，当初，甚至都没有问过石头的想法。

我们都知道，没有什么决策是“万全之策”，我们受到当下资源的限制，不可能做出万全之策。也没有什么决策是“一劳永逸”的，我们持续发展出来的智慧，一定会觉得昨天的决策还有可以提升的地方。然而，父母必须意识到：一定让**孩子尽可能地参与决策，特别是关系到他们自己的决策。这个决策的过程，既是帮助孩子成长的过程，也是教育的过程。**

让孩子尽可能地参与决策，特别是关系到他们自己的决策。这个决策的过程，既是帮助孩子成长的过程，也是教育的过程。

3. 支持孩子决策的四个关注点

帮助孩子在决策过程中成长，父母需要有耐心，不要一着急就把孩子丢到一边，完全包办，也不要担心孩子委屈，而超出自己能力地为孩子创造不真实的“真空环境”。关键是要关注以下几点。

① 关注孩子有没有参与决策过程。从提出一个现实的生涯问题开始，决策过程也就开始了。此时，不妨问问孩子：“你看，这是一个什么问题？这和你有什么关系？我们一起来看如何选择，好不好？”

有的时候，**有些孩子会退缩，这是不愿决策、不敢决策的一种逃避。**那是因为他们意识到这个决策带来的后果，可能对自己影响很大，自己不愿承受这份压力。比如，填报高考志愿，很多父母会说，不是不让孩子参与，是他们根本不参与。想想看，一个孩子从来没有为自己做过主，忽然让他决定自己的未来，这是一件想想就有压力的事情，逃避参与决策，是再正常不过的事情了。

即便如此，父母也不要立刻包揽过来，而是可以根据情况，有所保护地让孩子适当参与。比如，告诉孩子：“你可以不最后拍板，但是，因为这件事和你有关，你的想法对于决策非常重要，你必须参与其中。”

让孩子成为决策的参与者，其意义不是决定结果，而是进入可以主动负责的角色，带动相关能力的培养。

② 关注孩子有没有充分表达自己的诉求。既然是与孩子相关的决策，那么，就一定要给孩子充分表达自己意见和诉求的空间。“孩子，你是怎么考虑的？还有什么别的想法吗？”“你有什么主意？为什么？”“你想要怎么做？为什么？”“你的意见是怎样的？说说理由？”

这个表达的过程，不仅仅是对父母建立民主意识和营造家庭民主氛围的要求，还有对父母如何看待亲子关系的认知考量。如果父母把孩子看作自己的附属品，那么就一定想要控制，这样就会在家庭中形成一种包办的决策模式，最后呈现出来的或者是“溺爱式的满足”，或者是“不容分说的决定”。

孩子经由父母来到这个世界，和父母有着不可分割的连接，但他们毕竟又是独立的生命个体。**父母培养孩子的目的，不是让他们成为自己的附庸，而是让孩子能够独立地创造属于自己的生命历程。**从这个角度来说，决策过程中，让孩子充分地表达自己的想法和诉求，就是启发他们的独立意识，培养他们独立的能力。

更何况，涉及孩子的决策，孩子的感受和想法，不管最后是否被采纳，都应该是决策需要参考的重要因素。

③ 关注孩子决策能力的培养。无论大事小事，涉及决策，都会关系到一些底层的逻辑。一般来说，父母都有丰富的经验和社会阅历，那就不妨在一些小事情上帮助孩子呈现决策因素，梳理决策逻辑，自然地培养孩子决策能力。决策过程中，帮助孩子一起看以下四个方面。

选项。都有些什么选项？还有别的可能吗？决定选项的因素有哪些？如果扩展资源，是否可以增加选项？比如，选择学校。你都知道什么学校？你同学都去了哪里？如果找老师问问，会不会知道得更多？

结果。每种选项能带来什么结果？每种选项最坏的结果是什么？你能接受吗？每种选项最好的结果是什么？哪种是你特别想要的？比如，填报志愿。最坏的结果你能接受吗？所有选项中，你最希望去哪里？为什么？

风险。做了不同的选择，会有什么不同的风险？如果能够评估的话，你觉得这些风险发生的可能性都有多大？你愿意承受这些风险吗？哪些风险是你不能承受的？比如，暑假出游，有几种路线，时间有限，只能选择其中一种。选择每种路线，各自可能的风险是什么？如果因为某种原因，选择其中之一，没有得到想要体验的风险有多大？是否能承受？

成本。任何选择都是有成本的。这些成本你是否能够承担？最高成本是多少？最低成本是多少？在成本和价值之间，又该如何平衡？比如，择校。有些学校收费高，有些学校要求分数高，此时可以评估一下自己的分数，自己的财力。成本不仅包括金钱，还有时间、精力、人情等隐性付出，让孩子更多地了解需要付出的成本，也让他们知道任何选择都来之不易。

这些选择因素并不是一股脑地都让孩子考虑，父母首先要建立对于决策的思考框架，然后在让孩子参与决策过程中，有意识地把这些考虑因素和思考框架传递给孩子，孩子的生涯的决策能力自然就提升了。

④ 关注孩子在决策过程中的成长。很多决策在事后看，都有不完美，甚至是很遗憾的地方。学会接纳这些遗憾，也是决策能力的一个重要方面。如果处于懊悔之中，可能会影响今后决策的果断，也可能会给之后的懒惰、放弃寻找借口。让孩子学会承担决策的风险，学会接纳决策的结果，也是一种重要的成长。

所以，在每次决策之后，不妨问问孩子：“从这次决策中，你学到了什么？”“面对这样的结果，接下来，你会怎么做？”“此时，这样的结果对你的影响是什么？”“为了实现理想，你接下来的计划是什么？”“如果这次决策经历是你的人生财富，它会给你带来什么？”

提问是一把钥匙，能打开很多纠结的心锁。父母的关注点在哪里，就会把目光看向哪里，把手指向哪里，孩子自然也就会关注哪里。成长，自然也就在哪里。

四、学会竞争，融入现实

竞争，是我们在这个社会生存一定要面对的事情。

对于成年人来说，我们肯定对这些场景不陌生：求职面试要竞争；升职加薪要竞争；拿大单赢取项目要竞争；扩大市场要竞争。孩子在成长过程中面对的竞争，往往更为直接和残酷，比如高考，在不同省份，会处于不同的竞争环境，意味着要和几万人、几十万人，甚至上百万人竞争。

竞争是孩子成长过程中不断融入社会的一个过程，孩子在竞争中了解社会规则，在竞争中提升适应和面对未来的能力。竞争对孩子来说，不仅必要，而且重要。然而，说到竞争，人们总容易陷入两种比较极端的偏执：要么就觉得竞争意味着你死我亡、非黑即白，意味着胜者为王、败者为寇，意味着标准唯一、赛道狭窄；要么就佛系地认为应该抛弃竞争，进入一种你好我好大家好的真空环境，认为竞争会破坏和谐，势必带来冲突和矛盾，认为竞争会带来畸形的发展，导致人心浮躁。

其实，竞争作为一种维护公平、实现资源合理配置的方式，自然是有利有弊的。我们要做的，不是去点评规则，因为竞争客观存在，而且经常无法改变。**我们需要去适应竞争，调整自己，在竞争中完成自我实现，甚至掌控竞争规则。**作为父母，我们要具备这样的认知，更应该在家庭教育中，帮助孩子认识竞争，不偏执也不逃避，成为竞争的主人。

1. 在参与竞争之前，先了解终局思维

【身边的故事】佳佳的竞选总动员

佳佳是家里的小女儿，特别机灵，非常讨人喜欢。暑假的一天，班主任在微信群里通知，开学后要竞选班干部，如果要参选，需要提前准备 PPT。自从知道了这个消息，佳佳就开始和爸爸妈妈商量要不要参选。

家里的意见分为两派：一派是妈妈，持支持意见，有想法就勇敢去做。另一派是爸爸，持反对意见，开学就六年级了，学业繁忙，哪还有时间做班干部啊？再说了，佳佳的个子长得小小的，平时都是被照顾的对象，哪做得了班干部呢？

为此，他们开了个家庭会议。首先，确定要竞选的意向职位，佳佳要竞选班长。然后，分析班长的工作内容，一方面看占用时间是否真的会影响学习，另一方面也看看她是否能够胜任。说到班长具体的工作内容，佳佳说，主要就是升国旗、收发作业、维护纪律，还有就是每学期有一两次大型活动需要班长带着班委一起来做。

爸爸问了佳佳几个问题。爸爸问：**“为什么想参加竞选？”**

佳佳说：“马上就要小学毕业了，还从来没有做过班干部。虽然一直也总是积极热心地为班级服务，帮助老师做事，但是当了班长，感觉肯定不一样。作为小学阶段的重要经历，不想留下遗憾。”

爸爸说：“那么，这是你的梦想了，我支持你。”

“如果竞选失败，或者被调整到了其他岗位，**你怎么看待这样的结果？”**

“我有把握的！”佳佳说，“自己之前虽然不是班干部，但是也做了很多事情，老师同学都很认可。”

爸爸点了点头说：“我相信你，但是，一件事总会有各种可能性，**如果真的竞选失败，你会怎么办？**”

“那就不做班干部呗，其实也没啥，正好可以好好学习。”佳佳倒是放得下，“我还会像之前一样为班级做事的。不过，好歹是努力争取过了，就不遗憾了。”说这话的时候，佳佳像个小大人。

爸爸接着问：“你说到了学习，**如果竞选成功，你怎么处理做班干部和学习之间的关系？**”

佳佳意识到，前面的回答钻进了爸爸的“圈套”，吐了吐舌头：“我没做过班长，不过，我看之前做班长的，学习都不错。而且，班长不是要做表率吗？我一定会努力的。”爸爸在佳佳眼睛里看到了一种坚定，也放心地笑了。

“你对于竞选是否有信心？你会怎么做？”

“我有信心！”佳佳很果断地回答，“接下来我会认真准备 PPT。”

“好，我们组建班长竞选亲友团，一起来准备吧。”

竞争这件事，对于孩子的最大意义，并不在于最终的结果。不管是学生干部的竞选，还是体育比赛、学科竞赛、各类考试，甚至是高考这样“决定人生的大事”，虽然结果重要，但是准备的过程更重要，尤其是在过程中形成的思维模式，潜移默化中决定了孩子思考问题的格局。

佳佳的爸爸通过几个问题，帮助佳佳澄清了几件事：

① 为什么竞争？这是**提醒孩子思考参与竞争的意义，避免了冲动**

行为和随大流的羊群效应。每件事的投入都需要资源，思考意义，是为了慎重。同时，审视意义，也会让人更有动力。

② **对于竞争结果的分析，这是一种终局思维。**知道了可能出现的结果，才能以比较稳定的状态参与竞争，而不会因为突发意外受到更多情绪的影响，或者因此而消耗能量。

③ **如何平衡可能发生的失衡。**参与竞争，就会打破原有的平衡，那么，新的平衡如何维护？这也是一个需要提前思考的问题，比如，班级管理和学习之间的关系，和同学之间的人际关系等。

这几件事的澄清非常重要，行动之前的理性，是对过程的预演，更是对思维的开拓。

2. 做好价值分析，有的放矢地参与竞争

佳佳开始了班长竞选的“全家总动员”——爸爸做参谋，帮助出谋划策；妈妈做后勤，提供竞选需要的各类资源支持，帮助做 PPT；全家人做观众，支持佳佳进行竞选演练。

看到全家人都支持自己，佳佳特别兴奋，打开电脑，就要做 PPT。“别着急！”爸爸说，“我们得先做好素材整理。”

然后，爸爸拿出一张白纸，对折，一边写上“**优势分析**”，另一边写上“**目标要求**”。又在优势分析部分，划分了几格：“来，我们先对优势分分类，就是说说你的优点，比如，学习啊、特长啊、性格啊……”爸爸一说，佳佳就明白了：“来，我自己写。”很快，佳佳就分好了类，还填进去了内容。

爸爸夸奖佳佳：“真不错，看到你的这些优势，我觉得都可以评三好学生了。”“对啊，我还是每年的三好学生呢！”佳佳想起来，赶紧写

上。“我们一起看看过去几年让你印象深刻的成就事件吧！”爸爸解释说，“就是那些让你觉得很骄傲，很自豪的事情。”佳佳一边说，爸爸就一边梳理，然后把一些与之前不一样的关键特质写在了“优势分析”的下面，单放一栏“**独特**”。这一栏里有：人缘好、嗓门大、爱讲笑话……

搜肠刮肚地把优势分析写完后，爸爸又翻开另外一半：目标要求。“这是什么意思啊？”佳佳问。“你不是要竞选班长吗？我们就看看班长要做到什么？”爸爸进一步解释，“比如，老师有没有说过，怎么样才能做班长？同学们觉得什么样的人才能做班长？你又是怎么想的，班长应该是什么样的？”“哦，我明白了，就是大家心目中的班长呗。”聪明的佳佳立刻开始写了。

一会儿工夫就写完了。“来，我们一起做个连线游戏。”爸爸把白纸打开，带着佳佳从左侧的“优势分析”连接到右侧的“目标要求”。有些连上了，有些没连上。爸爸开始分析说：“接下来，就可以根据这个连线表来准备了，那些能够连线的，就是你能胜任班长的地方；优势中没连线的，就是你独特的优势；班长要求中没连线的，就是你要想办法去努力做到的。”

这么一分析，PPT 的准备，就简单多了。

爸爸带着佳佳所做的竞选准备，运用了一种非常重要的生涯思维：**价值分析。**竞争不仅仅是比赛谁更好，因为更好的标准有很多。**能够在竞争中胜出，最关键的是，要知道“标准”是什么，以及如何运用自我的优势达到标准。**如果能够完全“匹配”，那么，竞争胜出的概率就大；如果能够找到“差距”，那么，失败的可能性就小；如果能够创造惊喜，那么，就会胜券在握。

能够在竞争中胜出，最关键的是，要知道“标准”是什么，以及如何运用自我的优势达到标准。

3. 发挥优势，在竞争中成长

接下来，开始准备 PPT 了，妈妈上场，把之前的一些奖状、照片的资料找了来，还给佳佳找了漂亮的 PPT 模板。一会儿工夫，佳佳就把 PPT 做出来了，非常简洁。姐姐在旁边说：“这个 PPT 也太简单了吧？”

“我的优势在演讲啊！”佳佳狡黠地笑了笑。

全家人做观众，佳佳开始了演讲。因为准备充分，演讲起来，还真像那么回事，有故事、有实例，有激情、有幽默。讲完了，大家一起鼓掌。

趁着高兴，爸爸说：“佳佳，我的电脑上存了几个演讲的视频，你正好可以看看，或许对你的演讲有帮助。”佳佳愉快地答应了。

看了视频之后，佳佳特别兴奋地和爸爸说：“有好多地方，我还可

以修改得更好！”爸爸笑了：“目的达到。”

日子过得很快，开学已经一周了。周五放学的时候，佳佳一进门就大嗓门喊：“大家看，我有什么不同？”一边说，一边挥舞着胳膊炫耀着：“两道杠！”“恭喜你！”妈妈过来在佳佳的脑门上亲了一口。

“我宣布——”佳佳清了清嗓子，很正式地说，“我正式当选副班长！”20多人竞选，佳佳第一次参选，被选为副班长，这是一个不错的结果。因为事前做过分析，大家对于这一结果都很开心，佳佳同时宣布：“周末，我要亲手烤蛋挞，感谢我的竞选亲友团！”

竞争中的目标是修炼过程中的靶子，有了靶子，才能有的放矢地持续训练。对于佳佳来说，经过认真的自我分析，不断地训练演讲，竞选的最后结果已经不那么重要了。

对于父母来说，帮助孩子参与竞争，是在帮助孩子融入社会，获得生存能力，更是一个帮助孩子获得自信，学会欣赏自我，愿意为梦想努力，学会自我提升的过程。

五、帮助孩子建立自信，需要掌握三种方法

自信，不仅是一种状态，而且还是一种动力。自信不仅来自实际的成绩，还来自他人的评价，来自与他人的比较，以及一个人内心对自我的认知和评价。

自信对一个孩子的成长影响极大。一个自信的孩子，会因为相信自己可以达成目标，而愿意付出更多努力，也会去努力争取更多资源，进入良性循环，结果势必会更好，目标也更容易实现。同样，一个不够自信，甚至是自卑的孩子，或许会因为较低的自我预期，而陷入一种自证失败的恶性循环。

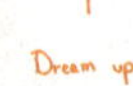

自信，本身就是一种重要的资源。越是在早期帮助孩子建立起自信，孩子的生涯发展就会越省力。因为拥有自信的孩子会主动地学习、工作，寻找资源，解决问题，并且建立起来可以自恰的系统。

“自信不是打击出来的”，总会有些父母虽然以为明白，但又忍不住给孩子一些负面评价，去打击孩子的信心。这些负面评价貌似是合理的担心，实则是父母自己尚未成熟的认知和内心难以抑制的恐惧罢了。总有父母以为自己的控制就是保护，以为通过打击就可以让孩子安全。实际上，打击的是孩子的信心，保护的只是父母自己内心的安全感。

帮助孩子建立自信，有三个重要的方法。

1. 鼓励孩子的梦想，减少失败的干扰

【身边的故事】没有失败的科学家

小杰的学习成绩很好，特别是物理。上课的时候，总是两眼放光，思维敏捷，积极回答问题，一节课会被老师点名表扬好几次。有时候，老师都会让小杰先做了作业，然后拿来作为全班的标准答案。

每次听到儿子平静而自信地讲述学校发生的这些事情，妈妈总是静静地听，微笑着点头。在谈话结束的时候，妈妈总会加一句：**“这不就是你的梦想吗？”**是啊，在小学的时候，小杰就说过自己的梦想——当一名科学家，造福全人类。

小杰的科学家梦想还是妈妈在他小学毕业光盘中看到的。她不像别的家长，感觉很好，然后笑笑了之，而是记在心里，每当看到小杰的努力和成绩，妈妈都会提醒孩子：**“这就是你的梦想啊！”**“看到你在为梦想努力，加油！”“你距离梦想实现，又近了一步，很棒哦！”

小杰中考备考的时候，学习很紧张。有一天，他对妈妈说：“妈妈，如果做实验一直都不成功怎么办？”妈妈没有敷衍孩子，也没有简单地说一些安慰的话，而是和孩子谈起了梦想：“妈妈很高兴你对未来有了自己的想法，梦想需要探索，也需要行动，就像你做物理实验，需要一次次的探索和测试。没有哪位科学家是一次就成功的，即便是一个阶段性的成果，也需要进行反复尝试，持续坚持。每一次实验的记录非常重要，不管实验结果如何，你记录的，都不仅仅是一次实验结果，而是你探索的过程。”

看到小杰好像有点明白了，妈妈接着说：“你有没有想过，其实，实验只有不同结果，而没有失败呢？”

从小时候的一些不着边际的幻想开始，每个人都会有各种各样的梦想。如果被激励、被提醒，一个人就会在不知不觉中和梦想建立连接，也会在现实中给梦想一个恰当的位置。而追寻梦想的过程，就是一个自我认知的过程，也是在建立一个现实的闭环。当把遇到的困难和挫折都视为正常的节点时，自信的程度会大大提升。

2. 多给正面反馈，不要贴负面标签

很多父母都有一个担心，总害怕孩子有了成绩就翘尾巴，获得成功就骄傲自满。于是，在孩子取得好成绩来向父母开心地分享时，反倒在父母脸上看不到笑容，而是强抑内心喜悦之后的“警告”：“戒骄戒躁。”

想想看，这是一个有点滑稽的逻辑。达成目标、取得成果，得到的反馈是，不值得庆贺。时间久了，孩子甚至会自我怀疑：“做得这么好，做得这么快，这是假象。”“这次对了，下次说不定就错了。”“成功是不可靠的。”“我肯定有错，再自我审视一下吧。”于是，好端端的“成就事件”变成了噩梦。自信，又何谈建立啊？

成长过程中，孩子总会出现一些失误、失败，或不如意。此时，如果给孩子贴上一个负面标签，就会让孩子产生一种理解：“我就是这样的人。”那么，这个让你不喜欢的标签就很难撕下来了。

【身边的故事】元元的自理能力并不差

一天，元元对爸爸说：“爸爸，老师说我自理能力差。”

“这可是一个负面的评价哦！”爸爸心里想，“或许，老师这么说是有原因的；或许，老师这么说是有语境的；或许，在孩子那里，

有着他自己的理解。但是，不管怎样，这个负面的评价印在了孩子心里。”

“我们周末聊这件事吧。”没有急着回应孩子，爸爸开始了观察。爸爸发现，孩子回到家，脱完衣服到处乱扔；做作业的时候，桌面上、书房里到处都是各种书、卷子、文具；吃饭的时候，桌子上、衣服上，都是饭粒；上学的时候，总会丢三落四，今天忘带记录本，明天忘带乒乓球拍。

周五晚上，元元一放学，爸爸就问他：“儿子，周末了，记不记得，我们要讨论一件事？”

“记得啊，关于自理能力差的事。”爸爸很诧异，记得如此清楚，可见这件事对元元很重要。

“那么，我们先来看看，什么是自理能力吧。你觉得，什么是自理能力呢？”

“我也不知道，老师这么说的。”这是最可怕的，孩子连评价的内容都不知道，只知道被贴上了一个不好的标签。

“那这样吧，我们换个角度，你觉得，在哪些方面做好了，你的自理能力就不差了？”

于是，父子俩一起站在白板前。元元说，爸爸写。说到词不达意的时候，爸爸帮忙调整。说到有些相似的内容，爸爸帮忙合并。想不出来的时候，爸爸和元元确认，这样是不是就够了。最后，一起总结出关于“自理能力”的五条事项：

① 保管好自己的物品。

② 系鞋带，系红领巾。

③ 叠衣服，整理衣物。

④ 整理座位，整理柜子。

⑤ 整理书包。

如果这五条都做好，元元会觉得自理能力就不差了。

然后爸爸就和元元逐一确认：“这些事情是不是都会做？哪些不会做？哪些做得好？现在是怎么做的？可以向谁请教？谁可以做榜样？”

他们发现，方法很多，聊到最后，元元的兴致还是蛮高的。

爸爸趁热打铁：“既然这些事情你都会做了，那你想不想每件事都做到呢？这样，你就是一个自理能力强的孩子了。”

“想！”元元不等爸爸把话说完，就爽快地回答了。

“那我们就把这些事情列出来，写在纸上，每天打钩吧，如果每天检查的时候，发现都做到了，就给自己评个分，最多五星，到周末看看，你能不能成为一个五星少年。”

元元特别开心地答应了。

从一个笼统的负面评价，到具体化的一些可以调整和改善的事项，爸爸带给元元的，不仅仅是自理能力，还有因此而撕掉的负面标签，以及通过努力就可以改变的信心。

3. 探索多维评价，撑起自信天空

父母总是很容易把对孩子的关注点放在考试成绩上，这当然很有必要，但是如果眼睛只是盯着“成绩”，这样一个单一的评价系统会让孩子认为：成绩好了，一切都好了，成绩不好，自己就一无是处。

单一评价系统的风险很大，有的孩子努力之后成绩还是很一般；

有的孩子这门课成绩好，另一门课却表现糟糕；有的孩子小学时成绩好，中学时成绩一落千丈；有的孩子成绩一直不错，但是最近状态不好，发挥失常。当这些情况出现的时候，在单一评价系统中，无一例外，孩子获得的都是低评价，孩子要想建立起自信该多难啊！

【身边的故事】考试成绩有多重要

大毛是小学一年级新生，开学半个月，一次放学回家，拿着一张测试卷问妈妈："妈妈，你猜我考了多少分？"妈妈为难了，第一次考试，怎么猜得出来呢？

大毛拿出试卷给妈妈看，同时，小心地观察妈妈的表情。他考了 70 分，妈妈并没有急着评判，而是微笑着问："大毛，**你是怎么看的呢？**"

"我觉得还挺好的吧，有的小朋友考了 6 分。"听到大毛这样的回答，妈妈说："哦，看来，你对自己的成绩还算满意。"

大毛激动地说："我们老师说了，分数不重要！"欲言又止的样子，停了几秒钟，忽然很失落地说："老师说分数不重要，为什么只给 90 分以上的同学发奖状呢？我好像不是一个好学生吧？"

看来，小家伙看重的是那个奖状。妈妈问他："孩子，你觉得老师是在用考试分数作为衡量好学生的标准吗？"大毛点头。"你也想通过考个好成绩来获得老师的认可吗？"大毛继续点头。"孩子，你也想要得一张奖状吗？"听到这个，大毛捣蒜似的点头。"那你想知道妈妈是怎么看待考试分数和奖状的吗？"大毛抬起头，用期盼的眼神看着妈妈，似乎在等着一个与老师完全不同的评价。

妈妈很严肃地说："在我看来，**考试成绩非常重要，它的重要性在于可以检验学习效果，但不是在于评价你整个人。**"大毛非常诧异。

妈妈接着说:“每个人都有自己的评价标准，老师用考试成绩来衡量是否发奖状，如果你想要，那就努力争取。但是，还有很多方面同样重要，做事的方式、处理问题的能力、与人交往的能力，这些方面虽然老师没发奖状，但是同样很重要。”妈妈顿了顿，“你可以争取你想要的，但是不能失去对自己的判断。”

接着，妈妈带着大毛一起分析他平时的表现，听到妈妈说起自己在一件件小事中表现出的优点时，大毛眼圈红红的。那一刻，大毛似乎看到了自己的闪光点，也看到了内心的渴望。妈妈抱着大毛，悄悄地说:“你可以给自己发奖状啊！”

从此以后，家里有了一面星光灿烂墙，每发现自己一个优点，大毛就写好一张奖状贴在墙上。慢慢地，墙上有了各种各样的奖状：帮助了同学；发明了游戏新玩法；写字全优……当然，也有优异的考试成绩。

学期结束，大毛各科的考试成绩都是90多分，拿着试卷回到家时，他并没有特别兴奋。把老师发的新奖状贴在墙上，大毛开心地和妈妈分享:“经过练习，成绩提高就是必然啊！”

一个人自信的来源越丰富，他的自我评价体系就越稳固，
自信带来的动力就越足。

一个人自信的来源越丰富，他的自我评价体系就越稳固，自信带来的动力就越足。事物是普遍联系的，关注的角度越多，获得成长的机会就越多。多维度的评价，可以让一个人回到真正的现实中。

第三章

融入系统，帮助孩子与世界连接

让孩子能够适应未来的生活，在未来的世界，成为幸福而成功的人，成为自己命运的主人，这是父母和老师共同的期待。

在学校和家庭里，孩子学习知识，提升学业水平，拥有一技之长，这是培养他安身立命的本事。除此之外，每个人还要发挥自己的独特性，展示自己的优势，追求属于自己的梦想。而这一切，都离不开一个重要的因素：环境。家庭的环境、学校的环境、社区的环境、社会的环境，这些与人们有着千丝万缕联系的环境，就是人们身边的系统。

从幼儿园开始，一个孩子就开始接触除家庭之外的社会空间，然后是小学、中学、大学，直到工作。在家庭、在学校、在职场，一个孩子需要学会与人交流、沟通、合作、求助，在各种社会环境中，实现着自己的目标，也在不断成长。环境越来越复杂，社会关系也越来越复杂，可以说，成长的过程，就是**一个人不断社会化的过程——了解和学习社会规则，运用社会规则，通过沟通交流来进行自我实现。**

有人认为，为了让孩子能够适应未来的生活，需要培养孩子的沟通交流能力，需要训练孩子的自我表达能力。其实，**技能的获得，往往不是孤立的**。在技能的背后，是一种连接：让孩子学会与自己连接，就会接纳自己；学会与别人连接，就会看见别人；学会与系统连接，就会融入系统。

在系统之中，我们每个人都不是孤岛。

一、帮内向的孩子走出孤岛

心理学家对于人们的性格进行着各种深入研究，也有各种各样的分类。有一种分类为多数人所了解：内倾和外倾，或者说，就叫内向和外向。

在职场上，这两类性格的人很容易被贴上不同的职业标签。比如性格外向的人适合做与人打交道的事情，如销售、市场、管理之类的工作；而性格内向的人适合做与事物打交道的工作，如工程师、财务、程序员之类的工作。

然而，事实却并非如此。那些在职场上表现卓越的精英人才，你很难用“内外向”这么简单的维度来对他们进行评价，他们会在不同场合有不同的表现，以适应他们身份角色的需要。我曾经做过一个调研，在一家制药外企的销售职位上，这个被人们认为是“外向”的职业，却有一半人是“内向”的性格。

这些表现卓越的职场精英们，他们之所以能做到游刃有余地切换自己的行为模式，本质上，在于他们对自我的认识和接纳，并且懂得如何在各种社交活动中发挥自己的独特性。而这样的认识与接纳，往往与家庭教育密不可分。

1. 理解孩子，并且要让他知道你理解他

内向性格的孩子往往会让父母更担心，担心他们不能融入小伙伴

的圈子；担心他们跟不上集体的节奏；担心他们不会与人交朋友；不会沟通交流；担心他们被别人欺负还藏着不说；担心他们不被别人喜欢；担心他们会因为内向而自我封闭；担心他们……

芊芊就是这样一个让人有点担心的孩子。

【身边的故事】内向的芊芊喜欢交朋友了

芊芊刚出生的时候，妈妈根本没想到，她会是一个性格内向的孩子，明明是一个肉乎乎、小眼睛的胖丫头，该会是特别乐观，粗枝大叶吧。慢慢地，妈妈才发现，芊芊情感丰富而且敏感。从两三岁开始会表达的时候，芊芊就不愿去人多的地方。家里来了陌生人，她也会哭。除了爸爸妈妈，她不让别人抱，爷爷奶奶也不行。上了幼儿园，“入园哭”的时间比别的孩子都长，持续了两年。

妈妈想，或许，这就是她自己的特点吧。

出现这样的情况，很多父母就会有担忧。虽然，有些人会安慰自己说，这样的担忧不必要，每个人都有自己的方式特点，内向也不见得不好，等孩子长大了，自然会发展好的。然而，这些安慰和劝说却不能让父母的担忧有丝毫的减少。原因很简单，**表面的担忧背后，是父母担心孩子会因为性格内向而成为孤岛**。现在不能融入小朋友、小同学的圈子，将来不能融入团队，不能融入社会，那还谈什么特点，谈什么发展啊！

这样的担忧才是真的担忧，也是父母需要帮助孩子成长的地方：帮助孩子走出孤岛。

芊芊妈妈特别理解孩子的敏感，也没有想要去纠正她什么，更没

有指责。当芊芊遇到亲戚朋友不打招呼的时候，妈妈没有尴尬而焦虑地说孩子没有礼貌，没有把孩子推到前面来，只是牵着芊芊的手，然后大方地和别人说话聊天，任凭芊芊躲在身后。过后，会和芊芊说，你是不是也想和阿姨家的小姐姐玩啊？等过一段时间，你们熟悉了，就可以更好地玩耍了。

妈妈知道孩子喜欢安静熟悉的环境，也判断孩子喜欢和人建立深度的情感连接。于是，采取的养育策略就是，避开嘈杂的环境，每周都去田园采风。有朋友邻居来哄逗孩子的时候，早早地和他们打好招呼，礼貌地和别人讲自己孩子的特点。

帮助孩子走出孤岛的**第一步，也是最重要的一步，就是理解孩子，并且要让他知道：你理解他。**

我们当然都知道，要尊重每个人的个性特征，但是在各种社交场合下，一些父母往往会不由自主地被“社会评价”左右，被“互相比较”影响。于是，就会希望自己的孩子也能和别人打招呼，也能表现得可爱，也能“有礼貌”。这样的期待，有时候会变成自己的焦虑，甚至变成对“表现不佳”孩子的嫌弃。

在孩子的生命历程中，很长一段时间里，父母都是孩子唯一安全的亲人。在一些场合里，父母如果违背孩子的性格特点，硬是要把孩子推出去，表面上，孩子出于生存本能，会有所顺从，但在内心里，孩子会更加退缩，孤岛变得更孤。

父母要理解孩子，此时，**孩子对外界有恐惧，同时也为自己不知道如何融入外界而感到焦虑。**孩子的哭闹、退缩，正是恐惧加上焦虑的表达。父母不仅要看到这些，还要告诉孩子，你是理解他的。“如果你是一座小岛，父母也是你身边的岛屿，我们可以一起修建通往其他岛屿的桥梁，去看不同的风景。”感受到父母的理解，孩子的小岛就会扩大一些，至少，和父母的连接建立起来了。

孩子对外界有恐惧，同时也为自己不知道如何融入外界而感到焦虑。

2. 支持有安全感的尝试，减少恐惧

芊芊一两岁的时候，妈妈就联系建立了一个7人的小圈子，都是些教育理念相同的妈妈。在节假日，妈妈们经常会带着孩子们一起活动玩耍。有了固定的伙伴，芊芊可以很安心地和小朋友玩了。

上幼儿园的时候，妈妈专门给芊芊选择了一个小班型的幼儿园，不超过十个孩子，而且园长还是幼儿教育专家。虽然学费不菲，但是妈妈觉得很有必要。入园之前，专门让芊芊和老师熟悉，建立连接。有很长一段时间，芊芊也只认这一个老师。

在每天接孩子放学的时候，妈妈都会留在班里和芊芊再玩一会儿，让她观察小伙伴。回家之后，还会再一起聊一聊白天发生的事情。

后来，芊芊再大一些，外出游玩时，妈妈会鼓励芊芊主动和一些陌生的小朋友接触。慢慢地，芊芊有了自己固定的好朋友，上学放学的时候，总会互相打招呼。

帮助孩子走出孤岛的**第二步，支持孩子进行一些有安全感的尝试，帮孩子减少恐惧。**

孩子之所以成为孤岛，是因为恐惧和焦虑，那就帮助孩子慢慢化解它们。关于恐惧，往往是因为对于结果不可预测而产生的。每个人都有不同的恐惧，只是内向的孩子或许更为敏感，感情更为丰富，自己的安全区域更小，于是，对于安全区域之外的恐惧就会更多。

化解这样的恐惧很简单，让孩子在感觉到安全的范围内，向前走一点。每向前走一步，自己的安全区域就会扩大一点，那么，恐惧就会少一点。所以，在这里，芊芊妈妈虽然理解孩子的特点，但是并不对孩子过度保护，而是有保护地帮助孩子一点点成长。

然而，内向型孩子的父母就会有另一个疑问：难道，内向的孩子就注定要在自己有限的安全区域里活动，注定在交往方面不如别人吗？

3. 发挥孩子与外界连接方式的独特性，减少焦虑

四岁的时候，芊芊换了一家幼儿园。对于内向的孩子来说，陌生环境的适应，是一件不容易的事情，甚至是一个不小的挑战。如何帮助孩子应对这样的挑战呢？妈妈想到了一个办法。

妈妈和芊芊说：“以前，人们在遇到自己不好当面表达的情况，比如，距离遥远，或者有不好意思说出口的话，或者希望自己安静思考不被打断等情况，就会给对方写信。我们要去新的幼儿园了，你想不

想给自己还没见面的新老师写一封信啊？”

芊芊听懂了，点了点头，妈妈就拿出一张卡片，按照芊芊说的写下来，还指着字给芊芊念了一遍：“老师好，我是芊芊小朋友，我想认识你。”“画上点花吧！我还想送给老师一个贴纸。”芊芊主动说，于是妈妈就和芊芊一起在卡片上画花，贴上贴纸。

卡片写完了，芊芊问妈妈：“我能给原来幼儿园的老师写信吗？”“可以啊！”妈妈看到，芊芊已经学会用自己的方式与别人建立连接了。

收到老师回信的时候，芊芊特别开心，像是拿到了宝贝一样，护在自己的胸前。对于孩子来说，通过写信的方式建立起来的一对一连接，是孩子专属的礼物。

从那以后，芊芊开始盼着上幼儿园了。原来那个谁也不能抱，内向、胆小、腼腆的孩子，变得开始主动拥抱老师，充满好奇心地和小朋友聊天，活泼开朗，喜欢交朋友了。

走出孤岛的**第三步，发挥孩子与外界连接方式的独特性，减少焦虑。**

发挥孩子与外界连接方式的独特性，减少焦虑。

每个人都有自己的独特性，也有自己的独特优势。很多父母以为自己懂了这个道理，但是在生活中，却总想用一个自己都没有觉察到的标准来要求孩子。于是，才会有一些评价：这样做不好，你应该那样做。把眼睛蒙上的父母，是看不到孩子的优势的。

孩子的独特性就像一颗埋在土壤里的种子，需要温暖的阳光，施肥浇水，精心呵护，才能破土而出，慢慢长大。父母的耐心观察，以及源源不断的激发方法，就是种子发芽的必要条件。而性格内向的孩子，其优势的种子或许埋得更深些，需要父母更多的智慧和耐心。

当发现孩子具有某种特点的时候，不妨问问自己：借助这样的独特性，如何达到更好的效果？比如，对于内向的孩子，不妨就问：如何在一对一的沟通中建立连接？如何与人建立深度连接？思考有了，方法就有了，创意就会出现。

孩子孤岛的形成，还有一个因素是“焦虑”。在恐惧与陌生人建立连接的同时，他们也在焦虑如何与人保持连接的问题。此时，父母的引领就很重要。而一旦把基本的方法教给孩子，他们自然就会用自己的方式去创造了。

孩子的优势，不是自然出现的。而是父母通过关注，发现孩子的行为特点，去创造特点发挥作用的方式，在这个过程中，优势才会出现。优势一旦出现，孩子就会自然绽放。

当孩子开始绽放的时候，让孩子成为孤岛的两大鸿沟（“恐惧”和“焦虑”）就自然弥合。

二、帮助孩子顺利度过每一个适应期

如果你的孩子经历过“换城市”“换学校”“换班级”“换老师”“升学”“留学”这样的事情，或者，如果你的孩子对人际关系和周围环境比较敏感，那么，你一定知道一个词：适应。

孩子猝不及防地被换了学校，理由是这所学校教学质量更好；懵懵懂懂地跟着升学了，昨天还停留在小学的欢乐里，今天就变成了初中生；父母给办了留学，有人拥抱了新生活，有人却拥抱了一个更加糟糕的自己。

这些都是一个孩子需要面对的“适应”问题，适应过程中，困难很多，需要父母的支持。而过程中的影响，可能改变一个人。

1.“不知道”的后面，藏着什么

【身边的故事】转学的小雅

小雅是个积极乐观的女孩子，在同学中，总是最具能量的那一个，学习好、爱助人，父母老师都喜欢。

升入小学四年级的时候，从原来的南校区搬到了北校区上学。换了校区，一切都变了：上学的路程多了15分钟；校园环境变了，教室变了；班主任换了，语文、数学、英语、体育等各科老师也换了。

面对这一切变化，小雅的父母并没有什么察觉。除了稍微早起一点送孩子上学，他们的生活和往常一样，每天忙工作，孩子认真学习，

一切都觉得很好。他们还说，孩子真省心，有机会得多陪陪她，不然，一转眼，她就变成大姑娘了。

生活的波澜总是不打招呼地推门而至。开学一个月以后的一天，班主任老师给妈妈打来电话："小雅妈妈，您什么时候有时间来学校一趟吧！"这是孩子上小学以来，妈妈第一次收到老师的主动单独邀请。妈妈心里一紧，问老师："孩子出什么事了吗？"电话那头，老师的语气有些沉重："我们当面聊一聊可能对孩子更好。"

一路忐忑，妈妈飞奔到了学校。

谈话的内容，出乎意料。

老师问："在家的时候，你们都谁管孩子呢？"妈妈说："我和爸爸都在管呢……"妈妈知道，这个问话意味着一个不好的开头。

果然，后面老师就不容妈妈再说话了。

"孩子现在的作业基本没有按时交过，每一科都很慢，上课走神严重，数学老师都不愿意收她的作业了，因为所有人都写完了，她还没有写完，她每次都是全班最慢！英语每周就讲一课，听写 5 个单词她只能对两三个，所有老师都把问题反馈到我这里了……"

"这次期中考试每科都是 70 多分，孩子连试卷都没有做完！"

"你看看孩子的课桌吧，抽屉里全是垃圾，一堆的香蕉皮、纸团，我让孩子收拾，她也不干。你们能好好管一管吗？"

瞬间，妈妈懵了，她很难相信老师说的是真的！

在爸妈眼里，小雅很懂事，也会哄大人开心，每天放学回家都会和父母沟通学校的事情，偶尔有些小脾气，和大人闹点小别扭，但是父母也都觉得很正常。至于写作业慢，好像是有点，不过每天也都完成了作业，不是大家都说"每个孩子都有自己的节奏，有些年龄段会慢一点，大了就好了”吗？

妈妈像是被打晕了一样，呆在两个完全不一样的小孩对比中。直到老师说完，她什么也没有说。

谈话在老师语重心长的告诫中结束了：“孩子处于关键期，我们做老师的，是希望孩子好，不愿意放弃孩子，才会请家长来，你们做父母的，一定要承担好自己的责任啊！”妈妈向老师致谢，然后就去领了小雅回家了。

一路上，孩子似乎看出了什么不对劲的地方，看着妈妈脸色，怯怯地说：“妈妈，你不开心吗？”

妈妈无意识地说了一句：“我不知道……”然后，母女俩都沉默了。

此时，在妈妈的脑海里，有几个想法一直在激烈地碰撞着：“我应该怎么办？我要对孩子问个究竟吗？这是不是在发泄我的不满？还是让自己先保持淡定呢？看到书里写别人家的父母被老师训过之后，对孩子依然笑容可掬、温暖如初，我怎么做不到呢？”

妈妈无比伤心，多次想对孩子大声喊：“为什么你是这样！”但最终还是忍住了。可是，她又不知道接下来应该怎么办。

回到家，妈妈第一次和孩子一起收拾书包，第一次询问孩子的作业，第一次陪孩子写作业，第一次帮孩子检查作业。这时，她才看到孩子拿出的书包是皱巴巴的，看到了书本上被涂鸦乱画的小人儿。那一刻，妈妈才意识到，孩子内心也该是多么焦虑啊！

妈妈第一次很正式地和孩子沟通学习：“女儿，你是怎么啦？为什么会考试写不完，为什么每次作业都交不了呢？”孩子像是霜打的茄子，两眼无光地看着妈妈，只是说：“我也不知道。”

接着，所有的问题，她都只是回答：“我也不知道。”

第一次陪伴孩子写作业，妈妈感觉时间漫长。接着，一天、两天、三天过去了，母女俩都在感受煎熬，而孩子的状态并没有发生改变，依然是在沟通中习惯性地说“不知道”，依然会两眼无光。

有一天妈妈着急了，冲着女儿大声喊道：“你不要告诉我说你不知道，你知道的是什么？每天去学校，所有的事情和作业你都不知道，那你想干什么？”

妈妈把孩子拉到镜子前，让她看自己的样子，孩子不敢直面，开始哭了起来。妈妈也难过地哭了起来，她确实不知道该如何解决这样的问题。在那一刻，妈妈把全部的焦虑和挫败都发泄了出来。

妈妈和小雅抱在一起，任凭孩子哭了大半个小时。那一刻，妈妈仿佛也在抱着自己，她感受着孩子的委屈，柔声地说：“宝贝，你怎么啦？你是不是遇到大难题了？妈妈真的很想帮助你，也想和你说对不起，是爸爸妈妈忽略了你现在遇到的困难，你可以和妈妈认真聊一聊吗？相信妈妈，让我帮助你一起面对，可以吗？”

故事进行到这里，我想，很多父母都会感同身受了，同情这个孩子，也同情这个妈妈。这真的是父母不够耐心的问题吗？有些父母感觉自己已经足够耐心了，可是自己所爱的孩子竟然像一个小魔兽一样，磨磨蹭蹭，装可怜，一次次挑战父母的忍耐极限。那么，这是因为教育方法不对吗？有句戏言：“不管学习多少种家庭教育的方法，一到陪孩子做作业，父母就会破功。”这到底是怎么了？

我们不妨看看小雅的这句回答——不知道。她不知道什么？是不知道问题的答案，还是不知道如何回答才能让妈妈满意？是不知道怎么才能学好，还是不知道如何才能把状态调整好？是本能地想要逃避回答，还是真的不知道如何表达?

都有可能。

作为父母，最重要的不是从孩子那里得到一个确定的答案。孩子不是我们的工艺品，教育也不是一份有目标、有要求的工作，我们不要指望得到一个明确的指令，然后按照计划，像执行一个程序一样地完成所有指令，最后得到一个“Game Over”，然后就可以下班了。

2. 看到适应期的多重挑战

把这个“不知道”放进小雅这段生涯历程里，我们就会发现，在这个阶段，“适应”是一个很大的挑战。我们先来分析分析挑战可能的来源。

第一，来自老师的挑战。新老师不认识自己，可能不会很快发现自己的优点，也可能不会像之前的老师一样对自己有所照顾，这还只是一方面的感受。此外，新老师也有很多孩子不熟悉的教学、沟通方式，在这样的环境下，孩子或许都不知道该如何表现。原来的熟悉感、成就感、稳定感，一下子都丢了。

第二，来自同学的挑战。有些是新同学，和新同学相处，需要一些时间。同时，还有一些老同学，他们在新环境中有不同的表现，比如，或许有人能够迅速适应新老师的教学节奏，表现就会不一样。这些老同学或许会给孩子带来更大的冲击。

第三，来自新环境的挑战。教室换新的了，校园换新的了，连厕所的位置和样子都变了。有人喜欢新鲜，有人喜欢熟悉的感觉。如果没有做好思想准备，熟悉新环境也需要花一些时间。

第四，来自学业的挑战。当把注意力和心思分散到对周围环境的

关注时，不可避免地，就没有那么多心思放在学习上了。此时，每次回过神来的时候，就会对自己有质疑："我怎么没听懂？""我怎么又落后了？""哎呀，我是不是错过什么了？"这样质疑和否定自己的结果就是，越来越落后，越来越想放弃。

第五，来自父母的挑战。当前面那些挑战都出现的时候，父母不管是熟视无睹，还是密切关注，或者严厉相向，都会给孩子带来很大的压力。孩子会想："我怎么应对爸妈？我如何不辜负他们？先别让他们发现，我又想让他们帮我，怎么办？"

天呐，当所有这些挑战一起袭来，一个幼小的、未经世事且缺少方法，难以理性自处的孩子要承受多大的压力啊！作为父母，如果**意识到了孩子面对的这些挑战，意识到了孩子处于需要适应调整的阶段，**就会去思考："我该怎么做，才能帮到孩子呢？"

3. 支持孩子度过适应期的四把钥匙

支持孩子度过适应期的四把钥匙。

可以从以下四个方面来支持孩子度过每一个生涯适应期。

①铺路：建立心理预期。

父母比孩子有着更为丰富的经历，要扮演孩子人生道路上的引领者。就像导游一样，上山路上，要一路提醒着游客，哪里要注意危险，哪里要小心脚下，哪里不要走错了路。环境变化，就像是道路行进中的弯道，父母一定要提前告诉孩子，而且不仅仅是一次告知就可以的，以帮助孩子提前建立心理预期。

很多父母都有第一次送孩子去幼儿园的经历。最开始的时候，我们也都听幼儿园老师说过，孩子哭一哭没事的，慢慢就好了。但是，无论如何，一个三岁左右的孩子第一次和父母的短暂分离，我们也都知道他们不容易适应。那么，我们可以做些什么呢？提前和孩子描绘幼儿园好玩的场景，带着孩子先上亲子班适应一下，承诺最早一个来接……这些都是在帮助孩子建立心理预期，这样做的目的只有一个：让孩子知道，开始接纳一个即将变化的事实。**一旦他们在主观意识上接纳了，就不会再花费更多的能量去试图抵抗变化了。**这样，他们就会更加聚焦进入新环境要做的事情。

有个孩子从幼儿园到小学，搬家、换城市，经历了好几次转学。每次爸爸都会提前至少半年做好预告："孩子，为了你能见识不同的环境（遇见更多好玩的同学，体验不同的城市生活，上更多兴趣课……），我们将来说不定会换一所学校哦！你要珍惜现在的时光。"说得多了，孩子自己都会说："嗯，每次的变化，越来越好玩了。"

②开门：建构友善环境。

路铺好了，进入新环境，敲开大门那一刻，是生涯中的一个重要的节点，是需要有仪式感的时刻。此时，父母一定要在场。

第一次上学，第一次进校门，第一次见老师，父母要和孩子一起体验新环境。此时，不仅仅是为了见证，拍两张照片也并不是当时有些焦虑的孩子所在意的。**孩子在意的是，此时，身边有亲人。**即便是因为突如其来的陌生让自己内心产生一种想要逃走的本能，他们也会有所依靠。

根据适应的阶段不同，陪伴孩子适应新环境需要的时间也不同，可能要持续几天、几周，甚至几个月。就像是打开了一扇大门，父母要把孩子送进门去。这个过程中，父母要做一件特别重要的事情——建构友善的环境。

对于新环境，孩子不可避免地会有自己的评价，这样的评价会影响他后续的反应和行为。比如，孩子觉得老师不喜欢自己，接下来就可能害怕老师。再比如，孩子觉得学校不好，接下来就可能想放弃。内心所想会影响对外在事物的看法，当然，也会影响孩子接下来的表现了。

父母要及时了解孩子所想，帮助孩子调整消极认知，建构一个积极友善的环境，这会更有利于孩子适应环境。比如，孩子说："上课的时候，老师总盯着我，也总提问我。"父母可以解读为："那是老师喜欢你、重视你，觉得你会比别的同学回答得好。"孩子如果说："才不是呢，老师说，我总是理解得很慢。"家长可以解读为："那是老师对你有更高的期待啊，老师觉得你只要努力，会比现在更棒！"

任何一个新环境中的因素，都可能有多个维度的理解。**换个解读视角，会让孩子放下包袱，也会让孩子更加信任周围的环境，从而能够和环境更好地融合。**

③ 破局：获得新环境下的成就感。

破解我们对于环境的适应难题，有一个重要的破局点——获得新环境下的成就感。对于一个成年人来说，进入一个新的职场，如果能迅速拿到好业绩，或者得到领导同事的好评，那就说明适应得差不多了。对于一个学生来说，如果能够在换了一个新的学习环境后，依然保持良好的学习成绩，甚至比原来还要好，可以达到名列前茅的程度，那么，适应也就不是问题了。

拿到好成绩，获得成就感，当然不是一件简单的事。工欲善其事，必先利其器。搞定难题，取得好成绩，需要有方法。父母不仅要在情感上支持孩子，在学习方法上也要投入进去，和孩子一起攻克难关。

有一段时间，我家孩子写字不好看，总挨老师批评，慢慢地失去了学习语文的兴趣。于是，在一个寒假，我就拉着孩子一起来练字，告诉他，写字要注意占格，严格按照字帖来写。这些要求老师也会说，可是没有人监督的时候，孩子总是马马虎虎就写完了。我带着孩子写了一周时间，再开学的时候，老师夸奖孩子写字进步很大，孩子后来说：“最喜欢学习语文了。”

有些父母可能会犯愁，总说自己当初也没好好学习，自己也不懂学习方法，现在和当初自己学的不一样等。那么，请忘掉过去，也不要想代替老师，而是**做孩子的一个用心努力的伴读就好了。**

④ 同盟：搭建支持系统。

小雅妈妈闺蜜家的孩子，和小雅同岁，是比小雅大几个月的小姐姐，她们也是好朋友。有一段时间，两个小朋友就在一起学习，互相讲解、互相鼓励，结成了学习小组，只要晚上没有别的安排，两个妈妈就把她们接到一起来学习。

有一次，小姐姐主动发出邀请："我们是好朋友，你和我一起上英语学校吧，我们一起学。"小姐姐说的英语学校，是一个培训学校，她已经在那里学了一段时间，平时，也是她给小雅讲英语。收到这样的邀请，小雅很腼腆地答应了。回到家后，她还问妈妈："你说，我会像小姐姐一样优秀吗？"妈妈给予了肯定的回答："当然可以了，你本来就很优秀，只是还没有发挥出来，相信自己，一定会越来越好！"不到一年时间，小雅对英语也产生了强烈的兴趣，取得了飞速的进步，还连续参加了不少比赛。

在适应过程中，在支持系统里，除了父母和老师之外，还有同学、同伴。而同龄人的影响力是大人们所不具备的。他们既可以成为榜样，也可以成为鼓励者，成为竞争者，还会成为一路同行的伙伴。不管是虚拟的，还是现实的，当更多同伴出现的时候，支持系统就会变得更加牢固，孩子的适应过程就会变得容易得多。

生涯适应，是一个人终生都要面对的课题，我们每天也都在不同程度上感受着如何与环境相处。有时候，我们轻松适应，就像是抬起脚来，轻松地翻越了一个障碍物。有时候，我们惊慌失措，被陌生环境吓坏了。我们可能会逃避、会哭泣、会放弃、会忘记，也可能会无助地封闭自己，会用快乐伪装自己。但是，那终究是横在我们人生路上的一道命题。

作为父母，如果在孩子小的时候，你陪他们走过一段段需要适应的泥泞，解开一道道最初遇见的难题，有一天，你会忽然发现，孩子已经放开你的手，自己跑到前面去了。

三、培养孩子的社会交往能力

孩子能否合群，能否交到朋友，是父母都很关注的问题。“在家靠父母，出门靠朋友”，学校的同学、伙伴，参加各种活动的朋友，都是孩子成长过程中必不可少的支持系统。

有些孩子性格外向，父母就很放心，觉得自己的孩子是“自来熟”，和谁都能搭上话，大人小孩都喜欢。可有些孩子性格内向一些，总爱自己玩，和别人说话也少，这时候，父母就着急了。总担心孩子没有朋友，担心孩子不能融入群体，担心孩子性格孤僻。

其实，每个人的性格都不一样，不能强迫孩子在处理事情、待人接物的时候都使用同样的方式。特别是父母与孩子性格不一样的时候，千万不要用自己的标准来要求孩子，那只是你内心深处的控制欲而已。作为父母，甚至要注意观察，不要让孩子为了获得别人的认同而努力改变自己的方式。每个人的独特性都有可以发挥的空间，也都值得被保护。

与人交往是一种能力，培养社会交往能力有三个秘密。

第一个秘密：**人们喜欢与优秀的人交朋友。**这是因为人们都希望追求卓越，也就自然希望与优秀的人为伍，潜意识中，与优秀的人为伍，自己也就变得优秀了。

第二个秘密：**向别人表达更多的善意，就会有更多朋友。**

第三个秘密：**互相求助并表达感谢，比互相给予更能促进关系的**

密切度。

基于这三点，父母可以刻意培养孩子的社会交往能力。

1. 表现突出的孩子容易交到朋友

表现突出的人更容易有朋友，因为他们更容易被看到。特别是刚刚进入一个陌生的环境，这时候，大家都处在对新环境的适应期，观望者多。如果有人能够表现突出，就会立刻抓住大家的眼球。此时，不仅仅是获得注意力，表现得当的话，人们会下意识地认为，这个人很优秀。

【身边的故事】班里的小明星

睿睿上幼儿园的时候，妈妈就教他，上课的时候要主动回答问题，就会交到很多朋友。睿睿听话，就这么做了，不仅主动回答老师的问题，还帮助老师分发东西。老师夸奖他说："睿睿真棒！"

后来，妈妈送睿睿上幼儿园的时候，路上碰到很多小朋友在喊他的名字，睿睿好开心。妈妈问："这都是你们班上的小朋友吗？"睿睿说："是的。"妈妈问："他们都叫什么名字？"睿睿说："还没记住呢。"就这样，主动回答问题，让全班小朋友迅速地认识了睿睿。

上小学的第一天，睿睿坐在座位上，拿出本子开始画画。不一会儿，身边就围满了看他画画的同学，大家你一言我一语地交流着。睿睿的座位附近，人越聚越多，他很快就成了这个新班级的热点。聊着聊着，大家也就都认识了。当睿睿把画收起来的时候，新同学们也都知道了他的名字。

小睿睿的表现是不是特别棒？孩子在一个新环境中表现突出的方式，除了主动回答问题，还可以展示才艺，积极竞选班干部，参加社团……总之，每个孩子都可以选择自己喜欢且擅长的方式。

当然，表现突出也会带来两种可能的反应：有人比较主动，会想办法接近你；而有些人却因为担心被拒绝而先行防御，认为表现突出是"出风头"，就会疏远你，甚至背后贬低你。这两种情况在成年人的世界也不陌生，那就需要做到第二点。

2. 善解他人，乐于助人，就会有更多的朋友

拒绝和疏远你的人，不一定不喜欢你，而是担心被拒绝，或者因为自己做不到像你一样而心生嫉妒。为了交到更多朋友，那就需要表达更多的善意，让别人愿意接近。需要注意的是，这样的善意表达是对不确定大多数的呈现，并不是对某个具体人的讨好。

表达善意，也要先从自己出发，去善意地理解别人，这样，就不会看到敌人，自己的行为表现自然也就透着友好。然后，让自己所做的事情展示出对他人的价值，尽量帮助别人，朋友自然就来了。

【身边的故事】善于助人，让苋菜不再孤单

苋菜进入高二，有机会转学到了一所更好的学校，这对全家人来说都是一件特别值得高兴的事。苋菜期待着，进到新学校，提高成绩，考上理想的大学。

然而，适应新环境远没有她想得那么容易，一连好几周，苋菜就像透明人一样没有引起别人的注意。开始的时候，她举手回答问题，下课也主动找老师提问。但因为基础不好，提问的问题比较简单，有时候连苋菜自己都会感觉不好意思。慢慢地，苋菜失去了提问的勇气，课堂也变得索然无味，有一次，在她感觉最难的物理课上，竟然睡着了。

在班级里，苋菜感觉自己是可有可无的一分子，她做过各种努力：和同学聊天，放学一起回家，积极参与课外活动。但苋菜似乎还是不能融入这个班级。直到几个月后的一次班会。

苋菜喜欢画画，从小就专门跟老师学习过绘画，虽然没有准备报考艺术专业，作为业余爱好，一直也没丢下。这些年，有空就拿起画笔涂涂画画。

班级开班会，一起商量参加学校的一次主题板报艺术展。有几个一直活跃的同学都报名了，苋菜尝试了几次，都没敢举手，她担心，不被重视的自己，会遭遇别人鄙夷的眼神。最后，老师说，班级的事情，大家都要积极参与，虽然学习很重要，集体荣誉感也很重要，现在人手还不够，大家都再考虑考虑，可以下课后找老师报名。

下了课，苋菜去找老师：“我以前学过画画，如果需要，可以来帮忙。”老师认真看了苋菜一眼：“好啊，那就来吧。”

板报制作都是在节假日进行，每次，苋菜都是早早到场。然后站在旁边，静静地看着大家工作，看到哪里需要人手了，赶紧跑过去帮忙。板报里有一幅图，同学小松怎么也画不好。苋菜说：“我来试试吧。”小松有点惊讶地看了下，说：“好，你试试。”

结果，苋菜画出了让大家都很满意的效果。大家终于发现了身边的这位“小画家”，于是，这个板报的大部分绘画工作都由苋菜来完成了。最终，他们班的板报荣获了学校的一等奖。当大家都纷纷夸奖苋菜的时候，她却谦虚地说：“这是大家的功劳，我只是帮了点小忙。”

从此以后，苋菜交到了很多朋友，在班级里找到了归属感，学习成绩也越来越好了。

乐于助人，朋友自然就多。可有的时候，表现太优秀，总是帮别人，也会让人望而却步。原因很简单：价值不对等，何以为报？

3. 互相帮助，关系的连接才更稳固

结交朋友的更深层次，就是在建立连接之后，能够有更多的互动，实现价值交换。这个过程，是一个让别人感受存在感的过程，也是一个关系平衡的过程。“时不时地求助别人，麻烦朋友”，这个方法，不仅适用于成年人的世界，对于孩子来说，也同样适用。

【身边的故事】互相帮助结对子

小青和丽丽是一对好闺蜜，俩人经常一起玩，时间久了，两家的家长也都互相认识了。丽丽的语文和英语成绩很好，但是数学总学不好，很难考上80分。丽丽妈妈就和小青妈妈商量，接送两个孩子一起放学，然后一起做作业。

一起做作业的时候，小青教丽丽怎么学数学，丽丽教小青跳绳的方法。从此以后，有了学习方法，丽丽妈妈也不再逼着丽丽一套一套地刷题了。而小青竟然突破了跳绳的难关，学会了快速跳绳的方法。

周末的时候，丽丽和小青两家人一起相约出游，小朋友的亲密关系变成了两个家庭的关系。草地上，父母先进行跳绳比赛，然后带着孩子一起跳长绳，热闹的场面，把周围的孩子都吸引了过来。

与人交往的能力，主要是在生活实践中习得的，如果一个孩子从小就能在与小朋友的交往中看到沟通交往带来的价值，能够了解待人接物的不同方式，那么，交往能力一定会像种子一样，在孩子的心里生根发芽。

四、在冲突中提升应对关系的能力

孩子在成长过程中，可能会和周围人发生各种各样的冲突。小时候和爷爷奶奶闹别扭，和外公外婆耍小脾气，到了青春期，和爸爸妈妈因为一点小事而激烈对抗，和老师因为观点不一致而发生冷战。

然而，最让父母担心的，还是孩子与孩子之间的冲突。

从两三岁去淘气堡游乐场玩开始，有些父母就开始纠结了，如果自己的孩子和别的孩子有了冲突、发生争执，甚至打架了怎么办？一旦有了苗头，要赶紧出手干预吗？那岂不是累死了？如果一眼看不住，自己的孩子被别的孩子打了呢？或者伤害了别人家的孩子，怎么办？

都说要讲道理，要有礼貌，要谦让，万一把自己家孩子培养成了绵羊，处处被人欺负，又该怎么办呢？可总也不能教孩子打人吧？如果采用“人不犯我，我不犯人，人若犯我，我必犯人”的策略呢？万一孩子下手没有轻重，把别人打坏了怎么办？还有，有些孩子就是胆小啊，你教他，他也学不会的。这样的纠结还没完，上了学，问题就更多了。孩子太老实，你担心他交往能力差；孩子太活跃，你担心他给你捅娄子。

我们总希望孩子不偏不倚，恰到好处。那么，请回到我们自己身上，作为一个成年人，在职场上，在日常交往中，有没有和别人发生冲突矛盾的时候？你是如何处理人际关系的？是正面冲突，是逃避矛盾，还是坦诚沟通呢？效果如何呢？如果不能尽如人意，遇到你觉得

无可奈何，或者义愤填膺的事情，又会如何处理呢？

其实，每逢孩子在人际交往中出现矛盾冲突时，父母的焦虑都是对自己的焦虑，是在表达“我也不知道怎么处理更好”。于是，焦虑之下，竟然也不知道如何教育孩子了，有时候大声吼叫，有时候哑然无奈，有时候愤怒不已，有时候压抑委屈，这样的不稳定反过来会给孩子带来更大的混乱。

1. 通过主动沟通，化解冲突

父母是孩子的榜样，在找到可以让自己满意的教育方式之前，多反思自己处理人际关系的方式，是父母在教育孩子如何与人相处之前值得上的第一课。因为这是让父母能够静下心来观察孩子的开始。静下心观察，就是尝试去理解一个人。而理解，就是在修一条沟通彼此的心路。

【身边的故事】打人的小强学会了沟通

小强换了一所幼儿园之后，妈妈收到了老师的好几次反馈，说孩子爱打人。这让妈妈很惊讶，也很困扰，难道孩子在幼儿园和在家里的表现不一样吗？在同伴中，会表现攻击性吗？这和换幼儿园有关系吗？

这一次放学，老师又和妈妈反馈，小强白天在幼儿园打了小朋友。妈妈决定不着急去问孩子事情缘由，而是要仔细观察一下孩子到底是怎么做的。于是，放学后，妈妈接了小强没有直接回家，而是约着几个家长带上小朋友，一起来到了游乐场。

孩子们在玩，妈妈在一旁观察。慢慢地，妈妈发现了一些孩子

“打人”的情景，原来在遇到一些冲突的时候，不知如何处理，孩子急于解决问题、排除困难，就出手很快。有一次，玩耍的时候，一个小朋友故意挡路，小强一着急，就伸手推了对方。或许，这也就是在幼儿园的时候，老师看到的“打人”吧？

看到了这里，小强妈妈就释然了。“打人”是一种带着主观恶意的主动行为。而在没有更好的办法的情况下，选择用行动解决问题，造成对别人伤害，是另外一回事。根结在于，孩子能不能有更多解决问题的办法，以及是否知道用“武力解决”所带来的后果和影响。

回到家，妈妈就开始和小强玩起了“角色扮演”的游戏，用孩子喜欢的恐龙玩偶，每人一只，模拟起了各种冲突。每一次，妈妈都会问:“如果你的恐龙不和我的恐龙打架，如果你的恐龙不吃掉我的恐龙，还有别的办法吗？”用这样的问题一次次地训练小强开拓更多思路。就这样，用了整整一年时间，孩子才慢慢学会了一项重要的技能：用嘴巴说出自己的想法。

Dream up

小强妈妈做得很棒，孩子之间之所以发生程度强烈的冲突，主要就是两个原因：没有别的办法，以及没有意识到发生冲突的后果。理解了孩子，就是找到了教育问题解决的钥匙。其实，想想看，人际交往之间之所以发生冲突，不就是因为彼此没有互相理解吗？不仅不理解，而且按照恶意的揣测来理解，自然就会激发出两种行为策略：要么斗争，争取自己的利益；要么惹不起，那就选择妥协和逃避。可是，这两种策略的前提如果是错的呢？

由此，我们可以总结出对于孩子人际交往的教育方法：**通过尽量充分的沟通，获得彼此的信息，知道别人在想什么。**

小强妈妈特别重视孩子的人际交往能力培养，在每天放学后，就创造各种机会，让孩子能和小朋友相处。无论是熟悉的同学，还是陌生的伙伴，相处的时光，都看作拓展孩子交往能力的机会。事实证明，见到不同的人越多，对人的理解就越多，即便是发生冲突，每一次冲突的解决，也就是一次新的对他人的理解。

有一次，爸爸妈妈带小强去沙滩玩。这一次，妈妈故意不带工具。到了场地，孩子看到别的小朋友玩起了各种玩具，十分羡慕。于是，爸爸妈妈就鼓励孩子去试着和别人一起玩，试着去借玩具。孩子开始有些纠结，不想去找别人，还央求妈妈："妈妈，你帮我去借吧！"妈妈拒绝了："如果你想玩，那需要你自己去找小朋友了。"父母就在一旁耐心地等待着。最终，孩子突破了第一次，然后就有了第二次、第三次。大半天的时间，孩子把整个沙滩其他小朋友的玩具都玩了一个遍。

我想，有过这样的经历，不仅仅孩子会觉得表达求助不是难事，更重要的是，他学会了主动和别人沟通。而且，越是能看到别人的善意，越是愿意沟通。反过来，越是善于沟通，也越容易看到别人的善意。

【身边的故事】内向的轩轩竟然和同学打架

亚轩读的是县里的寄宿学校，每个月回家一次。因为知道家里困难，父母在外地打工，到了回家的日子，亚轩也总是待在学校看书。在很多人看来，他是个内向的孩子，平时少言寡语，上课不主动发言，也没有参加过学校的社团活动。在他看来，只有学习，才是自己唯一要做的事情。

但就是这样一个老实巴交的孩子，有一次竟然因为和同学打架而被学校给了纪律处分。

事情很简单，在食堂打菜排队的时候，亚轩以为别的同学是在嘲笑他，气不过，就动了手。事后，经过老师调节，多次沟通，亚轩才慢慢理解，原来别人只是开玩笑闹着玩，而自己却敏感地当了真。

以前遇到这样的事情，很多人都会以为，这是因为家境不好的孩子自尊心太强，其实，家境不好或许是一个原因，但是最根本的原因是，孩子没有学会通过正常的沟通去理解别人。这样的能力，在孩子未来的职业生涯发展中也至关重要。

2. 解决冲突的法宝：多问自己“还有什么可能”

我家有两个孩子，在幼儿园、游乐场和小伙伴们玩的时候，每当发生冲突，我就会问儿子：“如果不这么做，还有什么可能？”久而久之，孩子就习得了这样的思维模式。

有一次，妈妈带着孩子去游乐场玩，一个小男孩去抢一个小女孩的玩具，儿子正义感爆发，过去制止。虽然他比那个男孩子大，但并没有选择使用武力抢夺，而是过去和那个有点害怕的男孩子说：“你是想要那个玩具吗？那你想想，除了和小妹妹抢，还有什么办法呢？”

然后，还煞有其事地列举了一些方法：“你看，可以等别人不玩了你再玩，也可以和她一起玩，还可以和她交换玩具，对不对？”

后来，我听到妈妈描述这一幕，不仅欣慰，而且暖心。“还有什么

可能”，是对思维能力的挑战，更是对视野的拓展，让人可以停止激烈的情绪冲突，从而获得创造性的无限可能。

“还有什么可能”，是对思维能力的挑战，更是对视野的拓展，让人可以停止激烈的情绪冲突，从而获得创造性的无限可能。

这样的方式，鹏鹏妈妈也这么用过，而且还加进去了角色互换。

【身边的故事】擦黑板引发的冲突

一次，鹏鹏妈妈在外地学习，接到了爸爸的告状电话，说鹏鹏在学校把一个同学的脸划伤了。接下来，妈妈和鹏鹏有了这样的一段对话。

“儿子，爸爸说有小朋友受伤了，你能说说发生了什么吗？”

“妈妈，我也受伤了，我手上有个肉刺都被他弄掉了，很疼的！”听得出来，鹏鹏有些不高兴，一直在强调自己也受伤了。

“是吗，肉刺被碰掉，确实很痛的。现在还痛吗？”

"有一点点吧。"

"好心疼啊，**那你能告诉妈妈发生了什么吗？**"

鹏鹏说了一堆事情的经过，说是在自己要擦黑板的时候和同学发生的冲突。

妈妈继续问他："原来是你想擦黑板，他阻止你擦啊？"

"是的啊，他凭什么不让我擦呢？还推我！"

"所以，他推你，不让你擦，你一着急就也推他，却不小心划了他的脸，是吗？"

"是的啊。"

"嗯，坚持自己想做的事情，挺好的，妈妈支持你。可是，确实对方的脸受伤了，也是事实。咱们想想看，遇到被人阻止的事情，除了这样推人，**还有别的方式可以应对吗？**"

"可以问问他，为什么不让我擦啊。"

"是啊，这个方式说不定能解决问题，那怎么问呢？比如，妈妈就是那个阻止你的同学，此刻正在阻止你擦黑板，你会怎么问呢？"

"你为什么不让我擦黑板？！"

鹏鹏的语气带着很多的情绪，妈妈继续和他说："确实是要问为什么，可是听你这么讲，我就不想说了。儿子，**再试试看，还能怎么问？**"

"你不想让我擦黑板，你能说说你是怎么想的吗？"

"这个问法挺好，你一问出来，我就想告诉你为什么了。我会说，因为黑板上有我没有抄完的作业。"

"是这个原因啊，那我可以把我抄好的作业借给你看。"从电话里，已经听出来鹏鹏的轻松，不再抗拒了。

“妈妈，我还可以和同学说，今天我是值日生，要赶紧把黑板擦干净，这样才不会影响老师上课。”鹏鹏找到了沟通的方法，竟然自发地想出了更多的方法，“我还可以请他帮忙和我一起擦黑板呢！”说到最后，鹏鹏特别开心，说道：“明天我就和同学认真地道歉！”

理解对方、充分沟通，创造性地寻找更多解决方案，这是解决人际关系冲突的根本方法。带着这样的思路，接下来，我们只需要这样相信就可以了：孩子会比我们更有办法的！

3. 跳出情绪，做情绪的主人

情绪是人际关系处理的敌人，成长中的孩子，正是需要通过处理冲突的过程来逐渐习得驾驭和控制自己情绪的能力。

掌控情绪需要理性，而**理性就是清楚地知道事情的各种可能的后果，然后再做出自己愿意承担责任的决策。**父母所要做的，就是在发生冲突的时候，帮助孩子呈现出每种处理方式可能产生的后果，不夸大、不掩饰，这样将会有助于孩子做好判断。

比如，和同学打架，你打了同学，然后呢？问题是否会得到解决？如果你把对方打伤了，要承担什么后果？如果你被别人打了，又会承担什么痛苦和损失？这样的解决方式，会带来什么价值呢？这样的价值是否值得如此的付出？

然而，让父母为难的，并不是“讲道理”，而是陷入情绪的孩子根本听不进去道理。他们愤怒、他们悲伤、他们赌气，这时候，无论你说什么，他们都置之不理。这样的状态，恐怕在大人身上也会出现。此时，父母要学会帮助孩子走出情绪，这也是掌控情绪的重要一步。

【身边的故事】测测你的情绪值

一天晚上，大宝跟爸爸一起玩游戏。玩着玩着，不知道什么原因，爸爸和大宝之间发生了一点不愉快。大宝本想和爸爸和好，想和爸爸继续玩游戏。但是，爸爸的心情也不好，说不玩了。大宝的情绪一下子也上来了，躲进房间，不出来了。

一开始，大宝拒绝和任何人交流，把头蒙在被子里。后来妈妈走过来说："宝贝，这样吧，妈妈重新复述一下刚才事情发生的经过，同时猜测一下你每个阶段的心情和想法，你来做裁判，如果我猜对了你就给我加 1 分，如果猜错了你就给我扣 1 分，怎么样？"

这样的方式果然引起了他的兴趣，大宝把蒙在被子里的头探了出来。于是，妈妈就从事情的转折点开始说起，说出了玩游戏过程中大宝心里的自责、难过和无计可施。在妈妈的描述过程中，大宝也反馈了一个妈妈没猜到的情绪：生气。最后妈妈得到了 10 分。大宝也不再生气了，他和妈妈说："我还想和爸爸玩，我去和他和好吧！"

这个过程中，妈妈不仅了解了大宝的想法，让他体会到被理解，更重要的是，潜移默化中，大宝学会了直面自己的情绪，学会了有效地管理情绪，调整自己。

在冲突中，有时候，孩子是强者，是可以主动选择冲突解决方式的一方。还有些时候，孩子是冲突中被动的一方，甚至是缺乏选项的弱者，这时候，父母要帮助孩子跳出恐惧和怯懦，捍卫自己的边界。

【身边的故事】守住了边界，就多了一个朋友

云霄今年上三年级，最近他总是有一些反常的表现，比如不等放

学，就让老师给妈妈打电话，说自己肚子疼。接了两次，妈妈发现，一回到家，云霄的肚子就不疼了。这是怎么回事？妈妈认真地和云霄聊了聊。

“妈妈，如果别人抢你的笔，你会怎么办？”云霄问妈妈。妈妈心想：“这个问题里有故事。”说道：“这样的事情要看情况了，孩子，你是遇到了什么麻烦吗？”

妈妈一问，云霄就委屈地哭了。原来云霄的同桌总是抢他的笔，开始，云霄还让着他，反正自己的笔还很多。可是，他抢了一只，又来抢第二只。云霄想告诉老师，可转念一想，觉得因为这样的小事就告老师，会让同学看不起。这件事已经困扰云霄好几天了。

妈妈听明白了事情的前因后果，摸了摸云霄的头，说：“来，我们做个游戏吧，我扮演你，你来扮演你的同桌，看看会发生什么。”妈妈要和云霄玩角色扮演的游戏。

第一次，云霄抢走了妈妈的笔，妈妈说：“好吧，你拿走吧，我还有。”然后，妈妈问云霄的感受，云霄说：“我还想抢，觉得挺好玩。”

第二次，云霄抢走了妈妈的笔，妈妈说：“我要告老师！”然后，妈妈再问云霄的感受，云霄说：“我得赶紧坐好了，别让老师批评我。”

第三次，云霄抢走了妈妈的笔，妈妈二话不说，又抢了回去。云霄一下就懵了，他说自己有点害怕。云霄嘟哝着：“不就是一支笔嘛，闹着玩的。”

妈妈开始和云霄聊刚才的感受，他们发现，其实，他的同桌并不一定就是恶意地欺负人，但是如果自己表现得软弱了，可能就会被欺负。云霄要求和妈妈再玩一次角色扮演，这次，让妈妈做他的同桌。

等到妈妈抢了云霄手中的笔，云霄立刻夺了回来：“我正在用，你不能抢！”妈妈嬉笑着说：“就用一下，别那么小气嘛。”“不行，这是我的笔，我有权力不让你用。”说完这话，云霄开心地笑了，他说，自己找到了对付同桌的办法。

第二天放学回家，云霄赶紧和妈妈分享了在学校发生的事情。今天同桌再抢文具的时候，云霄就像昨天扮演得一样，义正词严地和同学这样说了。同学开始有点吃惊，后来就和颜悦色地求着他：“云霄，咱俩是好朋友，你的笔能借我用一下吗？”两个人又成了好朋友。

帮助孩子守住关系的边界，是帮助孩子长大的重要一课。做情绪的主人，需要看到情绪里那个需要成长的自己。

人际交往过程中一定会发生冲突，对于孩子来说，这是考验，也是成长点。父母要帮助孩子学会在冲突中接纳自己，理解别人，还要帮助孩子在冲突过程中提升处理人际关系和解决问题的能力。

五、他是权威，更是支持者

生涯中有一个重要的视角：系统。家庭是系统，社区是系统，企业是系统，行业是系统，社会也是系统。

系统中有同伴，比如，成年人世界里的同事、朋友、同行、老乡，孩子世界里的同学、玩伴。

系统中也有权威，可能是决定资源分配的人，也可能是有影响力、有话语权的人。比如，成年人世界里的领导、专家，孩子世界里的老师、父母。

我们不可避免地要和权威打交道，因为他们掌握着资源，因为他们影响着我们发展的方向、动力，甚至决定我们的命运。然而，很多人并不会和权威打交道，面对权威说话声音发颤，腿发抖，见面躲着走，能逃就逃，宁可多做一些，也不愿当面澄清。如果逃不了，那就暗自使劲、抵触对抗，直到关系崩裂，对权威的畏惧也就释放了。

这样的情况，在职场上并不少见，很多人不仅因此少了很多发展的机会，更是因此而亲手毁掉了一段美好的前程。这并不是简单的沟通问题，而是基于一个内在的模式——**在你所建构的系统中，权威的位置在哪里？如果权威无处安放，你的系统就会一直排挤权威。**

在你所建构的系统中，权威的位置在哪里？如果权威无处安放，你的系统就会一直排挤权威。

建构包含权威的系统模式，是父母在孩子生涯教育中需要关注的。如果你的孩子一直害怕老师，将来也会害怕领导，如果你的孩子一直叛逆，长大了也会把自己的上司当作父母一样，处处对着干。而帮助孩子建构带有权威的系统，首先需要父母进行自我觉察："我是怎么看待权威的？"

很多父母或许都有过这样的经历，在和孩子讨论问题的时候，孩子张口闭口说"这是老师说的"，仿佛老师讲话就是至理名言，不管父母如何说服举证，孩子也充耳不闻。这仿佛是一件小事，背后却藏着父母的很多纠结：不能直接说老师不对吧？那会给孩子什么影响呢？会不会就没有可以让孩子信服的人了？如果一味逢迎，可是老师教的有错了怎么办？更何况，人非圣贤孰能无过，树立一个不出错的权威老师，对孩子真的好吗？

这些纠结的背后，都是父母不知如何与权威相处的表现。我们看

看悦悦妈妈是怎么做的吧。

【身边的故事】妈妈去找校长了

悦悦在一所双语学校上初中。这所学校因其管理严格，升学率高，颇有知名度。特别是学校的老校长，是当地退休返聘的知名教育专家，其先进的教育理念和管理能力深受家长信赖。校长德高望重，有些父母当年读书的时候，他就是校长了。在很多家庭里，谈到这位校长，大家都是一致地尊敬。

一个冬天的早晨，雾气沉沉，孩子们都在公交站等候校车。可能是天气原因，眼看着时间过去，校车来晚了。站台上等着的人们开始有了一些骚动。远处，一束光穿过浓雾，接着，就听见有人喊“车来了”。果然，雾里驶来一辆庞然大物，模模糊糊看得出，上面印着校徽。

孩子们潮水般一起向路中央涌去，校车似乎更着急，还没停稳，车门就迫不及待地打开了，孩子们推搡着往车里挤。平时井然有序的排队，此时已无影无踪。

“天呐，太危险了！”妈妈一边紧紧拉着悦悦的手，一边用身体阻隔着周围冲撞的人群。“我得向你们学校反映情况，这样停车，太危险了。”妈妈的语气似乎非常正式。

听到妈妈这么说，悦悦哇地一下就哭出来了，说:“妈妈你别去！”正要跟着大家上车的悦悦站在了那里，拉着妈妈的小手抓得更紧了，说:“校长都快忙死了，他身体不好，这种小事你就别让他操心了！”看来，悦悦了解妈妈的脾气。

好不容易，妈妈才把悦悦哄上了校车。

车开走了，可是这一整天，悦悦都是惴惴不安的。每次看到班主

任不经意飘过来的眼神，悦悦就心跳加速，心想：“妈妈真的会来吗？是会找校长吗？校长会不会找班主任？老师是不是会找自己谈话？找我谈话，我会怎么说？向老师保证，以后再也不让妈妈来了……”她心乱如麻。

晚自习的时候，担心的事情终于发生了。班主任叫了悦悦的名字，她跟在老师后面，走出教室的时候，心都快跳出来了：“完了，肯定是妈妈来过了。”

“悦悦，我觉得你是个懂事的孩子。”

“嗯，接着呢？”悦悦心里想。

“我很希望和你交朋友。”

“嗯，然后呢？”悦悦默不作声，还在等着什么。

“有时间的话，你愿意多和我聊聊天吗？”

悦悦这才抬起了头，看着老师温柔的眼神，又点了点头，轻轻地说：“好。”

然后呢？然后就没有然后了。预想的狂风暴雨，没想到却是阳光明媚。一整个晚自习，悦悦都魂不守舍，耳朵里回响着老师轻轻的话语，脑海里闪现着老师那温柔的眼神。

一回到家，悦悦立刻跑去“逼问”妈妈：“你是不是找校长了？”妈妈果然承认了，“她这个骗子！”悦悦心里想，准备好好发一通脾气。只不过，和往常理亏道歉不同，这一次，妈妈非常严肃地说：“你是不是认为，我找校长，是为了告谁的状呢？”

被妈妈这么一问，悦悦有点语塞了。好像是这么回事，是告司机的状？学校的管理问题？还是？“我就是不希望你去找校长嘛。”悦悦咕哝着。“孩子，看到潜在的危险，向学校提出合理建议，这不是告状，是在避免可能的事故。”

悦悦必须承认，妈妈说得有道理，但还是不安。此时，那个关于危险的建议已经不重要了，重要的是，班主任找了她！

“你怎么就不好奇，我和你们校长说了什么？”妈妈一改刚才的严肃，露出了一丝狡黠的笑容。

妈妈并没有卖关子，说：“我说，我女儿非常反对我来找您。她说您年纪大了，身体不太好，不希望我们做家长的，因为这么一点小事，就来打扰您。但是交通无小事，作为家长，不仅是一个孩子的家长，而是站台上很多孩子的家长，希望向学校反映我们看到的隐患。车还没有停稳，车门就打开，任由那么多孩子扒着车门跑，这是多么危险的行为。一旦出事，必是大事，希望学校给予重视。毕竟我们和学校的初衷都是一样的，都是为了孩子能够安全健康地成长。”

“然后呢？校长怎么说？”悦悦提着的一颗心开始慢慢放下来，直觉告诉她，妈妈没有把事情搞砸。

“校长说，感谢你们这么及时地向我们反映工作问题，学校一定高度重视，保障孩子们的安全。对了，你们校长还问了你是哪个班的？”妈妈的表达总是让人像坐过山车。

“天呐！你告诉他了吗？”悦悦刚放下的心又提了起来，这是不是要秋后算账？

“当然。他说要告诉你们班主任，能这么为他人着想的孩子，未来一定前途不可限量。”

情节迅速反转，悦悦的脸一下红了。

“校长还让我转告你，以后看到这种危险的情况，一定要勇敢地表达出来。你的一句善意提醒，很可能会避免很多未来悲剧的发生。”妈妈微笑地看着悦悦，眼睛里倒映出那张红扑扑的小脸。

悦悦妈妈做了一个教科书级的示范，言传身教地让悦悦懂得了如何与权威沟通。我们来拆解看看。

1. 放下讨好和挑战，才能回到应有的位置

很多时候，人们不会与权威沟通，多半都是因为给自己选择了两个不好的位置：要么讨好，要么挑战。而之所以出现这样的位置，有时候，就是来自家庭的影响。有些父母给孩子树立了一个不容辩驳的“威权”形象，那么，孩子在弱小的时候，就会本能地讨好父母，而自己一旦逐渐强大，心中有了不满，就又转为挑战。时间久了，孩子内心就固化了这样两种模式，便再也不会“好好说话”了。

还有些父母对孩子处处哄着，不分对错地宠着、溺爱着，名曰“维护天性”。父母其实忽略了一个重要的事实：孩子将来要走向社会，要熟悉社会体系下的规则，只有在家庭中发展出来成熟的意识，适应社会的时候才会更加容易。父母处处讨好孩子，孩子便也缺少了这一课的学习，进入社会，他们的角色感一定也建立不起来。

放下讨好和挑战，回到应有的位置，即去关注沟通和交往的目的：和权威要沟通什么？为什么要沟通？如果讨好，可能就会放弃沟通，如果挑战，可能就会指责。悦悦妈妈说“要向学校提出合理建议”，有了这样的位置，沟通必然有效。

2. 善意的假设，才会有平和的表达

职场上，有一类人让管理者很头疼，平时有问题不反馈，有意

见也不提，一旦爆发，不是辞职，就是把事情捅到上面去，让可以解决问题的人下不来台。这样的情况也会发生在家庭里，很多孩子正是不会与父母、老师沟通，才会处处和大人们对着干，逃学逃课，离家出走。

之所以会出现对于权威的叛逆，是因为在进行沟通之前，已经有了一个恶意的预判："你是要对我不利的。"有了这样的恶意预判，沟通时，自然就会出现情绪。比如，认为父母就是不相信自己，那么就没有必要说下去了。认为老师只是相信学习好的同学，对自己是故意找茬，那自然是带着不服气的态度去讲话。

帮助孩子建立与权威的正确沟通模式，就在于一次次帮助孩子看到一个善意的假设。悦悦妈妈向校长反映情况，并没有假设校方管理不善，要来告状，更不会以为这是校方的恶意为之，而是作为隐患来提醒校方注意。这样的假设，自然不会带着情绪来指责或者控诉，得到的结果也一定是建设性的。

3. 看到共同的方向，你就可以领导权威了

在我们每个人的系统中，权威就是拥有权力的人，这样的权力或许是行政权、资源分配权，或许是影响力，甚至是精神上的控制权。除了平等的沟通，一种更为高级的和权威相处方式，就是领导权威。

领导力和年龄、职级无关，而是因为能够整合更多的资源而显示出来的能量。如何整合资源？简单说，就是总能看到共同一致的方向，总能找到各方愿意努力的未来，从而求同存异。

说起来简单，做起来不容易。因为系统的复杂程度不同，对领导力水平的要求也自然不同。然而，对于一个孩子来说，如果从小就能培养他们这样的思路，即便将来不是从政、不是经商，即便只是带领一个小团队，甚至都不做领导，拥有了这样的领导力，也一定会是备受伙伴欢迎的人。

悦悦妈妈在和校长沟通中说道："毕竟我们和学校的初衷都是一样的"，一句话，就把大家的沟通调整到了一个方向。这样的领导力展示，对孩子就是榜样的示范。

权威也是我们系统中重要的组成部分。如何与权威相处，是父母需要和孩子一起修炼的功课。

领导力不因年龄、职级而出现，
而是因为能够整合更大的资源而显示出来的能量。

第四章

智慧陪伴，做孩子的支持者

父母作为孩子成长系统中最重要的角色，对孩子的陪伴至关重要。

然而，说到陪伴，人们就不禁想到一些关键词：耐心、慢下来、接纳……这些词往往会在“焦虑”“烦躁”“抓狂”“打骂”“无可奈何”之后出现，像鸡汤一样，虽然很有营养，但是人们却不知道怎么熬。

陪伴，是需要智慧的。有了智慧，才会有耐心，有了智慧，才能慢下来，有了智慧，就可以接纳了。陪伴智慧的产生，有一个前提——作为父母，要平等地看待孩子，同时，父母要把陪伴孩子当成一个项目来做，和需要自己重视的任何一项工作一样。不管孩子多大，父母对孩子不仅仅要重视，而且要把孩子当成一个平等的个体，而不是可以操控、可以驱使、可以哄骗或者威胁的“小人儿”。这个前提，是由“爱”产生的。

有了这个前提，方法自然就源源不断了。

陪伴智慧的产生，有一个前提——作为父母，要平等地看待孩子。

一、创造游戏化体验，越投入越成长

游戏，是一个让很多父母既爱又恨的词。看到孩子痴迷于各种游戏，父母一边想，如果孩子在学习的时候也能这么“上瘾”就好了。同时，又会觉得不靠谱，“学习不就该是正儿八经、严肃认真的吗？一游戏，不就变成儿戏了吗？”

游戏，是一种形式，而游戏背后的逻辑，才是父母最需要研究和学习的。这样的逻辑，就是游戏化。游戏化是一种方式，也是一种机制。运用游戏化的逻辑进行家庭教育，这是希望孩子热爱学习的父母必须要具备的技能。

游戏化并不难，掌握这三点，父母就学会了轻松有效的陪伴方法：有趣，才能吸引孩子参与；有挑战性的目标，才能让孩子沉浸式地投入其中；恰到好处的反馈和激励，是推动孩子持续前进的动力。

1. 有趣，才能吸引孩子参与进来

不仅是孩子，连大人都喜欢游戏，那我们就可以研究：游戏的魅力在哪里？在哪些方面符合了人性？既然在一些创新型组织的管理中，可以引进游戏化的工作机制，那我们为什么不把游戏化的方式运用到家庭教育中呢？

【身边的故事】星空故事会

兵兵和默默是兄弟俩，为了提升孩子的表达能力，爸爸在家里提出一个建议：每到周末就做一个“星空故事会”，睡觉前，爸爸和孩子们躺在床上讲故事，每人讲一个，可以是自己听到的，也可以是自己编出来的。

为了营造氛围，爸爸专门买了星星和月亮的荧光贴，贴在天花板上。到了周末的晚上，关了灯，他们躺在床上，就能看见星星和月亮。

为了好玩，每次轮到爸爸讲故事的时候，他都让孩子“点故事”，让讲什么，就讲什么。还有的时候，爸爸会和孩子们玩故事接龙：由一个人开头，先讲第一段，然后，按照顺序，后面的人接着讲下面的故事。这样，孩子就在游戏中训练了表达能力，还训练了创意思维。

孩子们特别喜欢这个创意。总是盼着周末的到来。

有效的陪伴，都是有趣的陪伴。因为有趣的过程容易让人进入心流的状态，有趣也就容易带来有效的投入。

【身边的故事】讲故事，学写作

豆子妈训练表达的方法就是“连词造句”，这个方法非常有趣：随便找到三个词，然后连成一句话或者一段话，可长可短，随意发挥。

比如“僵尸”“毛巾”“垃圾桶”。

最开始，豆子会讲出来一句：僵尸从垃圾桶里拿出一条毛巾洗脸。

到后来，讲出来很多版本，慢慢地，变成了一段话：

有一只僵尸，他开着一艘宇宙飞船，宇宙飞船飞着飞着出了故障，从天上掉了下来，掉到了地球上，僵尸从船上下来找有什么可以用的

东西，结果看见一个垃圾桶，就把垃圾桶里的东西倒了出来，看见有一条毛巾，就拿走了，去堵飞船油箱的漏洞，就开着飞船走了。

过程有趣，而且训练有效。

如果留心观察，我们一定不难发现孩子的兴趣：漫画、玩具、童话、玩偶，这些都是工具。既可以用来玩耍，也可以用来训练孩子能力。

【身边的故事】晨晨的情绪卡

晨晨妈则是用“情绪卡”来陪伴孩子。

每天早上起来，花几分钟时间，让6岁的晨晨从一堆情绪头像卡里抽出一张，然后根据这个情绪来描述一件事，还可以和妈妈互相讲一个故事。

这样，几分钟时间，既训练了情绪识别与管理，又训练了表达能力。

有趣的事情总是很吸引人。在家庭里，如果父母善于创造有趣的玩法，孩子也会被感染。在这样的氛围里，孩子很容易就学会了“游戏化地学习”。

【身边的故事】用游戏玩转学习

有一次，爸爸看到大宝和二宝在一起玩的玩具竟然是识字卡。于是就在旁边静静地观察，原来，他们用游戏的方法在识字。

大宝说，他们的游戏叫“知识汤”，就是从一堆卡片中任意抽取，如果认得这个字，就“喝”下去，如果不认识，就是“有毒的汤”，放在一边，继续学习。在这个过程中，爸爸还看到，二宝认识了一个字，就煞有介事地拿起卡片做出一饮而尽的样子。

就这样，一轮下来，四岁的二宝认识了好几个字。几轮下来，“有毒的汤”越来越少。用这种学习方式，孩子比听故事还专心。

大宝和爸爸介绍说，他们还玩过“幸运大转盘”“美味厨房”。这些都是孩子自己创造出来的游戏，而这样的创造，一定离不开父母的激发和鼓励。

有趣，不仅可以激发孩子的学习积极性，也不仅仅可以吸引孩子愉快地参与学习之中，更重要的是，在这个过程中，孩子的创造力得到了保护和激发。只要有引导，孩子就会在学习过程中爆发出巨大的“游戏力”！而他们设计出来的有趣的学习方法，或许不逊色于任何一个教育工作者。

2. 有挑战性的目标，才能让孩子沉浸其中

近些年，问题式学习、项目式学习、实践性学习都是很热的教育方式。在家庭中，父母要关注的，不仅仅是孩子最开始的热情，还要关注孩子开始学习之后的持续精进。而这一点，需要在学习游戏中设置“升级打怪”环节，就是设置一些蹦一蹦就能摸得到的小目标，让孩子在实现一个个目标的过程中获得成就感，获得投入其中的“心流”。

【身边的故事】时间挑战游戏

小凡妈妈在陪小凡写作业。小凡妈妈说：“今天作业写得挺认真的，还有一半没有完成，我觉得，咱们只需要花10分钟就能完成了，你要不要试试看，打开计时器，挑战一下？”

小凡平时也喜欢和妈妈玩计时挑战的游戏，这次他说：“我们限时一小时吧！”其实，孩子对于时间并没有那么准确的概念，妈妈就说：“你肯定用不了一小时，我们先设置15分钟，看看可以写多少，好不好？”小凡同意了，于是，回到了书桌前，准备开始写字。

人们是喜欢挑战的，特别是孩子。因为挑战带来的刺激，本就是人们愿意追求的快感。而且，在完成适度的挑战之后，会带来成就感。

需要注意的是，**在游戏化过程中，设置小挑战时要考虑两点：一定是有挑战、有难度，不是轻而易举、必能实现的目标；一定是经过努力可以完成的目标，不要超出能力范围。**这样的小挑战，人们就愿意去尝试，也会有成就感。

在陪伴孩子迎接挑战的时候，一定要注意保持循序渐进的节奏。每个孩子都不一样，虽然在学校学习的时候，老师肯定会关注整体的学习节奏，但是难以照顾到个性化的节奏。这个部分，就需要父母来做了。

【身边的故事】再也不为写作文发愁了

帅帅妈在陪帅帅训练写作的时候，就是从兴趣开始，训练口头表达的。然后进入第二步，由说转入写，写一小段话，或者续写故事，或者描述一个物品。第三步就是进行主题写作，父母一起参与，每人出一个作文题，做成纸条，三人抽签来写，写完互相点评。

到了第四步就容易了，帅帅妈特别注意孩子对生活的体验和观察。每逢一些活动，比如学校组织春游，或者家庭出游，参加运动，帅帅妈都会用采访式地和帅帅聊一聊。聊观察、聊发现、聊感受、聊收获，等这些都聊出来，然后，临门一脚："这么多发现，这么深刻的感受，我们写出来吧！"

于是，一篇作文就出来了。

如果在写作的过程中，再遇到一些小问题，父母就会使用"支持者"的身份了，"这个点这么写就能表达出来你的意思了；这句话这样表达会比较轻松；这里用倒叙会让人特别感兴趣……"这样，就回归了表达的本质，写作文也成了孩子特别想要学习的表达方式了。

从此，作文再也不用发愁了。

想想看，大到我们的职业生涯发展目标，小到我们在工作中设置的项目节点，不也都是小挑战更容易达成吗？给孩子设置的挑战，可以是时间标准，可以是数量标准，可以是准确率标准，还可以是其他可以预测的主观标准。但是，**一定要注意，挑战成功的标准是可以评估的。**如果标准不可捉摸，充满了不确定，那就很难评估，自然也就对最后的成就感失去了信心，孩子很容易就会中途放弃。

父母要循序渐进地把握节奏，让孩子充满信心地往前走。

3. 恰到好处的反馈和激励，才能推动孩子持续前进

不论做什么事，都贵在持之以恒。但是，孩子的意志力又常常不足以支持自己持续向前。这就需要父母在关键节点给孩子反馈和激励，让孩子有足够的动力持续前进。

【身边的故事】文文的"认真模式"

陪着文文写字的时候，妈妈就在旁边琢磨，怎样才能让她认真写

字呢？

文文妈妈坐在旁边，说：“咱们不赶时间啊，**我们可以看看认真写出来的字是什么样的。**”文文正了正身子。看来，孩子都是会被语言暗示影响的，你说她认真，她就会认真给你看。

妈妈接着说：“**如果你是老师，你会给自己的作业打多少分？**”文文说：“及格吧。”“及格是多少分？”妈妈好奇地问。“60 分啊。”

“哦，写完作业就及格了。”妈妈继续问，“**那你希望自己的作业得多少分？**”“95 分。”

“好厉害！**那你觉得，95 分的作业会是什么样的呢？**”妈妈好奇地问道。“就像书上的一样，更认真了呗。”文文似乎什么都知道。

“是哦，那你的作业可能需要换一种认真字体了。就像变色龙换皮肤，我们换衣服一样。”文文饶有兴趣地扭过头来，似乎很喜欢这个比喻。“换衣服需要三分钟，变色龙换皮肤需要一分钟，你试试看，换成认真字体，需要用几个字？”妈妈接着这个比喻继续说道。

“下一个字就可以！”文文信心十足，果然，下一个字写得非常认真。

“太棒了！”妈妈在一旁鼓励着，“我们今天掌握了写字的认真模式。这样，就能得高分了！”文文也像是发现了什么，特别兴奋。

这是游戏化陪伴中的重要一招——创造价值获得感。说到价值，很多父母就会想到奖励，以此来刺激孩子继续努力，比如考试考好了，奖励玩具、文具，好吃的、好玩的。但是又听说，不要给孩子物质奖励，这样不好。究竟是哪里不好？又该怎么做呢？

其实，我们只需要注意一个非常重要的价值就够了，即成就感。

孩子完成一件事，获得的成就感，可能是学会了一些知识，可能是超越了同学，可能是比昨天的自己进步了。**这些成就感本身，就是非常宝贵的价值，**虽然不是实体的物质，但是特别值得珍惜。

想想看，此时，无视成就感，用一个物质奖励来替换，会出现什么情况？等于帮孩子将努力的过程与最终的物质奖励锚定在了一起，而物质奖励带来的刺激终究有限，次数多了，就失去了激励的作用。这时候，再去找成就感，都已经不存在了。

在这里，文文妈妈用了一种角色互换的方式，让文文换到老师的位置，给自己设定写字的标准，当看到95分标准的样子时，那种成就感奖励就出现了。人心向善，因为可以获得认可，获得成就感，文文自然会去努力。

【身边的故事】豆妈激励法

看着豆子的作文越写越好，豆子妈就主动联系老师，给老师发微信说："老师，豆子最近一直在练习作文，您看看他有没有长进啊？还麻烦您平时多鼓励他、支持他啊！谢谢老师。"果然，豆子回到家，就和妈妈兴奋地说起来，最近写的作文被老师表扬了。

豆子妈还想办法创造了其他的展示方式，给豆子申请了一个微信公众号，专门发豆子的习作。看到有人点赞、留言，豆子也越来越有信心了。

后来，豆子越写越好，昔日写作文犯愁的孩子，竟然成了班上有文采的语文学霸。

父母是孩子成长的陪伴者，也是见证人。陪伴不是平淡地消磨时

间，也不是漫无边际的，没有尽头。父母需要创造一些关键节点，让陪伴升华。这些关键节点不仅仅是创造一种完成时的仪式感，更是一个个开启点。在这些关键点上，要让孩子体验收获感、成就感，感受到信心。

能够让孩子忘我投入的游戏，不外乎这些奥秘——设置规则，持续升级，获得成就，加入竞争，创造惊喜，节点庆贺。如果把这些玩法都放进生活中，放进学习里，那学习岂不是会变得非常有趣？

陪伴，不光是陪着就够了，陪伴，需要的是智慧。

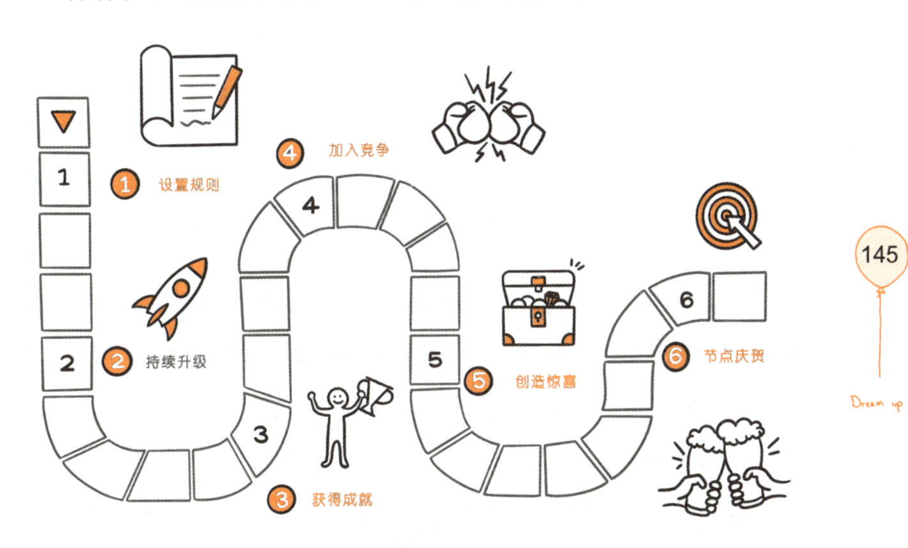

能够让孩子忘我投入的游戏，不外乎这些奥秘——设置规则，持续升级，获得成就，加入竞争，创造惊喜，节点庆贺。

二、帮助孩子超越失败的三种力量

一生中，我们会遇到各种各样的挫折和失败，我们会用“没什么大不了”和“从头再来”来宽慰自己，也会用百折不挠的榜样来激励自己继续努力。然而，面对失败，有些人依然会在败下阵来的时候一蹶不振，甚至在预料到有失败的风险时，就早早地绕开，以此来保护自己脆弱的自尊。勇敢和坚持，是父母对自己的期待，更是父母对孩子的期待。

有一个词叫“抗挫力”，为了提升孩子的抗挫力，很多父母还想办法让孩子接受“挫折教育”，甚至是那种没有挫折也要创造挫折的“挫折教育”。其实，**挫折教育应该是在孩子遇到挫折和失败的时候，父母帮助孩子认识挫折，拥抱失败，在挫折和失败中重塑自我。**

每一次失败都是父母与孩子最好的连接机会。

失败不是灾难，而是一种机会。如果在孩子遇到挫折时，遭受父母的嫌弃鄙视，批评指责，甚至讥讽嘲笑，孩子与父母的距离就会越来越远。失败不可怕，如果父母把失败灾难化了，那此时父母的态度比失败本身更可怕。如果在孩子失败时，得到父母更多的理解和接纳，更多的支持和鼓励，孩子与父母的连接就会更加紧密。

这是一个很容易理解的道理，但并不是每个父母都做得到。

在有些父母心里会有一个“完美的孩子”，当“现实的孩子”做不到完美时，父母首先就会疏远他。然而，父母可知道？**孩子在遭遇失**

败的时候，也是他特别需要力量的时候。作为孩子最亲近的人，父母是能够贴身地全面提供支持力量的人。

帮助孩子超越失败，父母支持的力量来自三个方面。

1. 接纳的力量

在孩子遇到挫折失败时，父母从内心接纳孩子，这会让孩子感受到被允许、被理解、被温暖。孩子被温暖的时候，内心也会感觉更安全，也才会有继续前行的力量。进而迅速调整，充满勇气地做好重新再来的准备。

【身边的故事】新手轩轩

轩轩从小尝试过各类体育运动，游泳、踢球、骑单车、高尔夫、篮球、棒球，但是都没有坚持太久，他就放弃了。开始，父母也没有太关注，心想，反正孩子年纪还小，愿意玩什么就玩什么吧。直到轩轩上了四年级，受小伙伴的影响，决定要参加定向运动时，看到儿子的小肚腩，妈妈有了新的期待，希望孩子能坚持一项运动，并且在运动中磨炼意志。

寒假的时候，妈妈带着轩轩参加了一次定向冬令营，跑野外，跑村落，中距离，短距离，百米赛。孩子体验到了“有趣”，也因为屡次失败而体验到了深深的失落。一次村落赛中，十几个定向点中，轩轩只找到了 3 个。

看着垂头丧气、迟迟归来的儿子，妈妈没有抱怨，也没有焦虑，而是欣赏地看着孩子，真诚地称赞道:“真不简单，刚开始参加定向赛，就能自己走回来。听老师说，有个定向赛的冠军，最开始比赛的时候，

都会迷路跑到隔壁村。”这样的安慰似乎没起作用，轩轩说：“如果早点参加定向的训练就好了，现在和别人的差距太大。”

妈妈走过来，抱了抱轩轩，柔声地说：“孩子，我知道，你遇到了一些困难，但你得接纳自己是一个新人。作为新人，和别人有差距是正常的。同时，这也意味着，你有很多可能，未来需要你去创造。即便为了减肥，即便为了过程中的体验，这样的投入也特别有价值。”

听妈妈这样说，轩轩放松多了。在颁奖时，看着领奖台上的获奖者，轩轩一脸的认真。或许，他心里有了新的计划吧。

很多时候，父母对孩子的不接纳，其实源于对自己的不接纳。看到孩子达不到要求，不能成功，父母内心那个曾经被批判的潜意识就出现了，那种和自己失败的连接，一下就被放大了。为了弥补曾经的挫折感，父母巴不得此时的孩子就是神童。

父母不接纳孩子的失败，就是又一次种下了否定自己的种子。父母接纳孩子，不仅在帮孩子建构一个无限可能的世界，也在和曾经的自己达成了和解。

【身边的故事】和丫丫一起学游泳的妈妈

丫丫学游泳已经学了十节课了，还是没学会。妈妈总觉得丫丫学习不认真。

看着其他孩子已经能够开始欢快地游泳了，丫丫着急，妈妈也着急。和爸爸商量学习方法，请教练加紧训练，可越是紧张，丫丫越是学不会。结果，每次学游泳变成了丫丫的噩梦，一定会以哭闹收场。

丫丫妈妈想到了一个办法：和孩子一起学。因为从小就怕水，丫

丫妈妈也还不会游泳，和孩子一起学，有一个可以比较的对象，妈妈想，这回丫丫该有动力了吧？

可是，事情并没有想象得那么简单。丫丫妈妈第一次学游泳，因为呛了一口水，就再也不敢下水了。在水里的那种恐惧，丫丫妈妈很难克服。于是，休息的时候，丫丫妈妈和丫丫交流学习的感受，向丫丫请教，如何才能不怕水。

这样一来，妈妈再也没有强迫丫丫练习了，反倒是经常和丫丫自曝糗事。丫丫不再有压力，当起了妈妈的教练，自己反倒很快就学会了。

父母对孩子的接纳，并不是一味地纵容，也不是刻意营造一个“宽松的氛围”，扭曲现实去评价。恰恰相反，父母不要因为社会评价的压力，而改变了自己本应对孩子的关爱。接纳孩子，就是接纳他是一个普通人，甚至是一个不断“失败”的人。毕竟，如果用社会期待的“失败”和“成功”来评价的话，多数的结果都应该是“失败”的，这只是一个概率问题罢了。

【身边的故事】小山不是天才

小山是一个大家公认的“天才”。

还不会说话的时候，小山就被汽车牌照上的字母和数字吸引，拉着妈妈给他念。两岁，就开始让妈妈念对联。上了幼儿园，小山开始接受老师们的各种超年龄测试：认字、算数。往往都有让人惊讶的表现。上小学的时候，虽然比别的孩子小一岁，结果一开学就考了第一名。老师带着他去听五年级的课，竟然能听得懂。于是，小山就成了

“小镇名人”。

上了二年级，意外发生了。一次语文考试，时间到了，小山没有做完卷子。天才怎么能出现这样的情况呢？老师着急了，妈妈也如临大敌，开始批评教育。到了后来，每次语文考试之前，老师家长都要千叮咛万嘱咐。考试之后，就追问分数，追问排名。

谁知道，就像是中了魔咒一样，越是如此，小山发挥越是失常，特别是语文。再往后，甚至影响到了其他学科。上了初中，小山的成绩一落千丈。家里也开始鸡飞狗跳，妈妈吵、爸爸骂、孩子哭。小山，这个曾经的天才儿童，竟然对自己毫无信心，觉得自己什么都做不好了。

直到有一天，小山妈妈意识到，需要改变的是自己。她不再给孩子压力，也不给自己压力，接受一个事实——孩子不是天才。她耐下心来，陪伴孩子成长，陪伴孩子克服一个个困难。

父母的接纳，反倒让事情发生了反转。从一次英语听力练习获得高分开始，小山慢慢找到了成就感。小山爱上了英语，首先实现了单科优秀，然后又逐步捡起了曾经喜欢的数学。中考的时候，取得了远超老师期待的分数。

从此以后，小山像是变了一个人似的，严格自律，不玩手机，学习用心，成绩直线上升，高中第一次考试考了全校第二，同学关系改善了，养成了锻炼身体的习惯，自己的房间也都收拾得井井有条。

人们总认为，父母爱孩子，这是本能。然而，父母对孩子的评价，很多时候也是出于本能。本能地期待，本能地嫌弃，本能地压力转移，本能地自我评判，而这些“本能”经常会伤害孩子。父母需要经常问

问自己：我给孩子的是什么？

2. 智慧的力量

想要给孩子真正踏实的支持，最直接有效的方法，就是作为同伴，与孩子一起体验过程。**作为同伴，才能真正体验孩子每一次遇到的困难和挫折是什么，才能想出真正有效的应对策略，而不是泛泛地说教。**

作为同伴，才能真正体验孩子每一次遇到的困难和挫折是什么，才能想出真正有效的应对策略，而不是泛泛地说教。

开始的时候，遇到失败，孩子需要接纳，需要温暖。但是如果一味“接纳”，那就会变成一种虚伪的敷衍。**遭遇挫折的孩子，需要智慧的力量，需要解决问题的办法和摆脱失败的路径。**

游泳教练教游泳，需要下水示范。语文老师也都知道写“下水文”是一种有效的指导学生作文的方法，通过亲自动笔，取得切实的经验，有针对性地指导学生写作文。同样，为了能够给到孩子最直接有效而真实的支持，父母也需要下水。

【身边的故事】小新的口算陪练

一年级的小新和爸爸约定好，寒假每天做5页口算题。爸爸看了下，做一页题目也就需要几分钟，5页口算绝对不到半小时就能完成。

开始几天，小新自己在房间做题。爸爸发现，5页题目竟然要做一个小时。爸爸工作忙，也没有工夫陪他，就想了一个办法：给了小新一个计时器，让他在做每一页口算时计时。这一招果然管用，小新每天半小时就完成了口算。

但是这股新鲜劲只保持了两天，小新做题速度又下降了。爸爸又想了一招：把所有的作业规定出最长完成时间，完成一项就可以休息5分钟。完成全部作业，一天剩下的时间小新都可以自由支配。小新挺开心，这方法又奏效了。

有一天，爸爸得空坐在小新旁边看他口算，30道题，20以内的加减法，做了3分半钟。“嗯，有点慢。”爸爸想，“我得帮他提高计算技巧了。”于是父子俩一起总结口算的规律，为什么有些计算很快，有些很慢。原来，计算慢的都是一些并不熟练的加减法。于是，爸爸帮小新总结出来一个规律：口算不是算出来的，是记住的。

爸爸帮小新分析：“你看，10以内的加减法，因为太熟悉了，记住了，就可以脱口而出，而20以内的加减法，因为不熟悉，所以每次都要重新算一遍，自然要花费更多的时间。那么，我们需要做的，就是把这些常用的计算记住就可以了。”

其实，需要记住的常用计算并不多。3+8，4+7，4+8，5+6，5+7，5+8，6+6，6+7，6+8，7+7，7+8，8+8，以及和9相加的一些数。前面的这些需要记住，和9相加的数是有规律的。爸爸把这些计算列在一张白纸上，给小新看。

然后告诉他两个方法。

a. 常见的变化是：交换位置，比如 5+8，8+5。

b. 还有一类计算，是变加法为减法。

只要记得以上这些，就不难了。总结完以后，爸爸让小新记忆一段时间。

然后拿出一页口算题，小新反复练习，完成时间从 2 分钟到 1 分半，到了第 4 遍的时候，达到了 50 秒。这是眼看着的进步，孩子体验到了成就感，特别开心。

陪伴孩子，对于父母而言，是一项要求很高的工作，除了人在、心在，还要智慧在。更何况有些父母陪伴孩子时，心不在焉，一边玩手机，一边对孩子吼叫！父母即便是全神贯注，也未必能够实现高质量的陪伴。

父母要注意和孩子保持合适的距离，既要见证他们成长，又要为其提供必要的资源。如果有父母觉得自己文化水平低，没有什么方法，自己当年学习也不好，得到的信息也不足……那么，除了用心陪伴，父母不妨借助工具、借助人脉、借助其他资源，这本身也是智慧的一种表现。

【身边的故事】想让妈妈找校长的心悦

这是放学路上心悦和妈妈的对话。

“妈妈，您能帮我跟校长说说，让我们早点晨跑吗？现在早上做操好冷啊！”

“哦，最近听你说了好几次了，看起来你是认真的咯？嗯，你确定是想让我找校长说吗？**有没有别的办法呢？**比如先跟李老师说？”

“哦，对呀。”

“你觉得是我去说好，还是李老师去说好？”

“李老师比你更合适吧？她比你更了解情况。”

“还有别的办法吗？”

“我可以直接找校长说。”

“还有吗？”

“或者我写一张卡片塞到校长办公室的门缝里，这样就不用当面和她说了。”

“哇哦，太赞了！你竟然能想出四种办法！**你觉得哪一种更好？”**

“直接找校长说。”

“哦！**那你打算怎么做呢？”**

“我不敢，我得先给自己打气。”

“哈哈，好啊！那怎么打气啊？就像闭上眼睛告诉自己：‘心悦，你要加油哦，像小马过河一样，你要试一试才知道可不可以哦。’”

“嗯，可是，我还是不敢，我还可以直接找体育老师说，体育老师既负责体育课，也负责做操和晨跑，先跟校长说了，校长也得问问体育老师的意见，要是体育老师同意了，那不就省得找校长了吗？”

“哎呀，妈妈太佩服你了！我都没想到！可不是嘛！那你打算怎么说呢？假如我就是体育老师，咱俩一起演练一遍？”

“嗨，心悦，你好，你有什么事儿吗？”

“梁老师，最近天冷了，我想问问您什么时候可以开始晨跑，晨跑可以让我们觉得暖和一点。我们班好几个同学都觉得做操特别冷，想问问您能不能早一点开始晨跑啊？”

“哦，好的，那我考虑考虑，和几个体育老师商量一下，行吗？”

“好的。”

“你刚刚说得特别好，不仅说了你自己的想法，还表达了周围同学的想法，要不要找一个小伙伴和你一起去说？她可以帮你打打气。”

“嗯，我可以找玲玲，她是我的好朋友！”

“嗯，好朋友在关键时候是一定要互相帮助的，那你们要不要先商量一下怎么说？这样免得一见到老师就紧张得忘记要说什么了。”

“嗯，对，我明天就找她商量。”

从让妈妈找校长时的委屈和无力，到与小伙伴一起去表达主张，小姑娘似乎看到了自己的力量，话语之中流露出轻松与愉快。

3. 成功的力量

父母对孩子的支持，很容易陷入“温柔的陷阱”——要么鼓励打气；要么有求必应；要么尽力支持。然而父母却会因此而担心：这样环境下成长的孩子，是不是被保护得太好了？如果将来长大，身边没有了这样的支持，他们岂不是就变成了温室的弱苗，难以抵御严寒酷暑？这也是很多父母想要创造挫折，让孩子体验失败的原因。在他们看来，早早地体验失败，就是一种预演。

其实，创造挫折，只是一种手段而已。毕竟每个孩子应对挫折的能力不同，产生的影响也不一样，不能一味地以同样的方式来教育孩子。需要搞清楚的一点是，**父母希望孩子内心长出来的是勇气和力量，是自信，肯定不是累积的挫败感。**那么，我们就需要仔细地观察，耐心地沟通，看看孩子有什么变化，了解孩子的内心活动，在关键的时候推动他们实现突破，获得成就感。

成功有很多种，有些成功是在和别人比较之后，被赋予的成功，有些成功是建立在自己不断成长之后获得的成就感，而感到的成功。这两种成功都是必要的，当我们支持孩子走向了成功，孩子就会因为成就感的获得而更有信心。

【身边的故事】比试卷，找亮点

五年级开学后的一次考试，明明把试卷拿回家的时候，有些沮丧。看到分数，妈妈心里也是“咯噔”了一下——79分。要知道，在考试前，他们的期望分数是95分。

看到明明失落的样子，妈妈反倒不着急了，说：“来，我们把最近两次的卷子拿出来一起对比下吧。”两份卷子，一份79分，一份92分。看着这两份卷子，妈妈灵机一动，说：“我们来玩个游戏吧！名字叫‘**找亮点**’。”

“这份卷子的作文得分不错哦，差1分就满分了，这是怎么做到的？”妈妈问。听到这个问题，明明眼睛发亮，噼里啪啦说了一堆自己的想法，如何一气呵成，如何用心书写。妈妈欣赏地看着明明。

“这份卷子怎么错字这么少？而且写得也很整洁啊！”妈妈又问了一个问题。这回明明不好意思地笑了，说：“那是我用心了。”母子俩都笑了，然后一起看那些粗心写错的字，一边分析，一边开玩笑。

最后，妈妈问：“通过这么分析，你有什么发现？”明明兴奋地自己总结说：“要用心，审题要仔细，写完要检查，我可以考得更高。”妈妈没想到，改变了一下总结方式，竟然会有这样的好效果。

这次的总结发挥了神奇的作用，接下来的考试，明明真的就考到95分以上了。

支持孩子走向成功，让孩子因为成就感而对自己更有信心，这样，就会让孩子从失败中获得真正的成长。

【身边的故事】安安的陪读妈妈

高一选科的时候，安安纠结了。从自己的爱好出发，想学文科，但是在别人眼里，只有理科学不好的同学才选文科，我的学习成绩也不差，到底要选什么呢？征求了好多人的意见，都是各执一词。最后，妈妈说：“我帮你向老师多申请几天思考的时间，你再想想，做什么决定我们都支持你。”

最终，安安选择了理科，原因是，文科班老师的配置不够好。显然，周围人的评价起到了重要作用。

高二的第一次考试，安安就受到了打击，原本在班上是前十名，而这一次一下就落到了二十多名。安安开始焦虑了，在她眼里，身边的同学都是学霸，那些原来成绩不如她的同学进了理科班后似乎一下子都变了样。越是焦虑，越是倒退。从二十多名，到了三十多名、四十多名。原来有些打怵的数学，越发听不懂了。原来学得还不错的化学，似乎也成了劣势学科。

焦虑的安安开始生病，失眠、腹泻、精神不济……半年间，安安的状态一下垮掉了。因为离家远，安安住校。宿舍里，安安的床铺里堆满了小说，那段时间，小说里的世界，成了安安的避难所。

如果自己的孩子出现这样的情况，作为父母，你会不会特别着急？会不会有些遗憾和后悔选择错误？会不会开始抱怨？如果换到孩子的位置去看一看呢？她可能要承担所有这些情绪。我们看看安安妈妈是怎么做的。

老师找来了妈妈，说明了情况，告诉妈妈可以考虑陪读。妈妈二话没说，立刻请了假，在学校门口租了房子。等到安安放学了，和她说明了自己的计划，“妈妈请了假，准备陪你一段时间，我们先试一周，如果合适，我就待着，如果不合适，我就走。”

安安开始还有些不情愿，要强地说：“我能扛过去。”后来，听妈妈这么说，也就答应了。

妈妈陪了安安整整一年的时间。这段时间里，妈妈从不给安安压力，也不讨论学习。晚自习之后，安安回到家，妈妈就和她聊天，讲笑话，一起吃点东西。周末的时候，就一起回自己家。慢慢地，安安心情放松了，压力也没那么大了。

在妈妈心里，安安的身心健康比什么都重要。

有一次，安安问妈妈：“我要不要辞掉校刊主编的工作？”安安担任着学生会宣传部长的职务，是校刊的主编。很多要好的同学都劝她，成绩都顾不上，还做这些事干什么？不如多花点功夫，把成绩搞上去。妈妈也知道高中学习紧张，多留点时间学习会更好。但是，她又想到，孩子正在经历挫折，编辑校刊是她愿意做的事，从中可以找到自信，找到成就感，那就不如接着干，虽然少了一些学习时间，价值却是巨大的。

得到了妈妈的鼓励，安安开始安心地做编辑，同时开始注意时间的利用效率了。高二结束，安安向学弟交接校刊工作。当安安坐在电脑前从容地整理各种校刊文档，分门别类，最后轻松地按下邮箱发送键的时候，一旁的妈妈看着轻松的女儿，感到特别欣慰。

如果你是安安的妈妈，你会支持她继续做与学习不相关的校刊编辑工作吗？在可以带来成就感的工作与节省学习时间之间，你会怎么抉择呢?

虽然状态调整了很多，成绩稳定在中等水平，安安依然不自信。上了高三，有一次，安安问妈妈:“妈妈，你说，我还有希望吗? ”

妈妈平淡地脱口而出:“当然有了。”说话间，看不出一点刻意，“你知道吗? 为什么在高三第一轮复习的时候，老师的进度会比较慢? 那是因为老师知道，高一高二的时候，很多同学在有些地方没学懂，这一轮复习其实就是再一次学习，是在带着大家捡宝呢! ”

妈妈不经意的回答，让安安有了新的视角，从此以后，更加用心地学习了。在她心里，不是一切都已成定局，未来有无限可能。

从此以后，在低迷了近一年时间之后，安安的成绩出乎意料地在高三阶段持续提升，从三四十名，回到了二十多名、十几名。高考的时候，考到了前几名，考进了自己理想的大学。

父母关注孩子，要学会关注孩子的想法，如果能帮孩子调整对一些事情的认识，哪怕是视角的转换，都会激发孩子的动力，带来孩子整体状态的转变。

从高中的挫折中站起来，安安不仅仅取得了高考的成功，更重要的是，这样的经历，让她学会了自我调整，学会了用长远的视角看待眼前的困难，学会了坚持，学会了寻找自己内在的动力，这才是妈妈送给她的一生的财富。

说到底，家庭教育的核心，在于亲子关系。每一次挫折和失败，都是父母和孩子保持连接的一个重要契机。作为父母，给予孩子的接纳、智慧和成就感，都会化为一种内生的力量，支持孩子终身成长。

三、做不焦虑的父母

当越来越多的父母开始关注孩子更远的未来时，也就有越来越多的父母开始迷茫：如何给孩子更好的引领呢？是带着孩子了解职场，或者参观大学吗？是帮助孩子选择一个好专业吗？还是说早早地就让孩子学习一些职业技能？

专业、职业、技能、视野，这些因素确实也都很重要。然而，不必着急，人生路漫漫，到了相应节点，孩子自然会成长。作为父母，最重要的是，在有限而重要的陪伴过程中，做好一个支持者。父母也不必焦虑，做好了陪伴孩子的支持者，成长自然不输于别人，未来是属于他们的。

1. 成为孩子成长发展的支持者，从不焦虑开始

做孩子成长发展的支持者，父母可以用自己的**经验和知识**来支持，做孩子解决问题的参谋。但是不能自以为懂得多，就去决定孩子的选择，那不是支持者，而是指挥者。

做孩子成长发展的支持者，父母可以用自己的耐心陪伴来支持，
做孩子可以倾诉的温暖树洞。

做孩子成长发展的支持者，父母可以用自己的**耐心陪伴**来支持，做孩子可以倾诉的温暖树洞。这时候，父母不能着急，也不能嫌烦，孩子自有其成长过程。父母不需要做太多，有时候，静静地等待就好。

做孩子成长发展的支持者，父母可以用**鼓励和相信**来支持，在孩子面对挫折时，做可以给予勇气的同伴。不要打击、不要批判，和孩子一起面对问题的时候，父母就是孩子的支持者。

支持者不会高高在上，也不会颐指气使，更不会抱怨指责。作为孩子成长发展的支持者，父母总是力量的源泉。

【身边的故事】有信心更重要

小智的成绩一直都很好。因为父母离异，六年级的时候，他的成绩迅速下滑。当妈妈开始关注的时候，小智原本最喜欢的英语，已经滑到了六七十分。

妈妈震惊了！赶紧张罗着给小智补课，这时却发现了更严重的问题：他单词不认识，语法不明白。教了一遍又一遍，孩子学不懂，妈妈不耐烦。有一次，小智的作业是在手机上打卡背诵英语，妈妈发现，他竟然是照着书在读。妈妈的情绪抑制不住地爆发了，母子大吵了一架。

一切平息之后，妈妈冷静了下来，她想："为什么会这样？我到底想要什么？一个健康快乐的孩子？还是一个英语学习好的孩子？我想做一个什么样的人？一个陪伴孩子成长的好妈妈？还是一个教育孩子的英语老师？"妈妈有了自己的答案，她要把之前对于孩子的期待摔在地板上。

从那以后，孩子每次放学回家，妈妈依然是陪伴孩子做作业，但是不再检查式地询问单词意思、语法内容，而是带着孩子一起读书，然后告诉他，这些都是什么。妈妈不焦虑，孩子也就不再紧张了。

在随后的几天阅读中，孩子会主动说，我知道这是什么意思，之前我们读过。在放松的共读过程中，孩子懂得越来越多，母子关系也越来越好了。

有一次，在家上网课的时候，老师点名几位同学背短文，小智被老师点名了，给二十分钟准备时间。他和妈妈说："我好紧张啊，我该怎么办？"妈妈正好有事要外出，看着孩子手心冒汗的样子，她果断地把自己的事情推迟，和儿子说："没关系，我们一起来看。"然后，就带着小智开始读短文。

两遍之后，小智就和妈妈说："你忙吧，我能背诵了。"虽然不放心，妈妈还是出门了。刚走到小区门口，小智就打电话说："妈妈，我已经提交背诵了，我感觉，其实没有那么难。"听到孩子这么说，妈妈

真的很开心。

从那以后，小智重拾了学习英语的信心，一个月以后，孩子的英语成绩回到了 90 多分，他开始又喜欢英语了。

孩子在成长过程中，会遇到很多困难，有时候是学习有困难，学业跟不上，有时候是难以自控，跑神溜号，还有时会被外界影响，情绪受到干扰。平心而论，这样问题和困惑，在一个成年人那里，也总会发生，何况一个尚不能完全自我管理，对周围有诸多依赖，没有建立成熟人格的孩子呢？父母大吼大叫，严厉指责的时候，只是把自己的焦虑宣泄到了孩子身上而已。

或许，有些人会说，道理都明白，可是当“熊孩子”的表现特别糟糕的时候，当自己家的孩子和别人家的孩子差距甚远的时候，当一次次被老师训斥的时候，作为父母，能不着急吗？这似乎是一个能够获得理解的理由。可是，我们回归亲子关系的本质呢？孩子已经“身临绝境”，已经“四面楚歌”，已经迷了路，掉进了深渊，作为父母，还要施加更大的压力吗？

这个世界缺的不是知识，不是信息，不是方法，课本、老师、学校，都会给到这些。而孩子们需要的，更多的是支持，没有交换条件的支持，没有预期要求的支持。

【身边的故事】小蕾的妈妈被留下“训话”了

小蕾上初三了，学校为了显示对毕业班的重视，专门调换了两个特别“有名”的老师——教学水平有名，管理班级严厉有名，升学率有名。

班主任老师教英语，对学生非常严厉，对家长也丝毫不客气。每次考试过后的家长会，都是对考得好的学生家长如阳光般温暖，对考得不好的学生家长如秋风扫落叶般冷淡。以此方式对家长施压，换得家长回家“鞭策”孩子学习，实现“家校一致”的效果。

作为班长，小蕾非常懂事，不仅要做班级表率，而且就算为了不让爸妈被老师“请去喝茶”，她也要勤奋努力地学习。她时时保持着如履薄冰的紧张，心理压力一度大到要去看心理医生。可是，怕啥来啥，一次摸底考试，小蕾的成绩从第3名掉到了第16名。开家长会的时候，小蕾妈妈也被留了下来。

小蕾特别担心这次家长会，倒不是担心老师怎么说她，而是担心妈妈的压力，毕竟，一直以来，她都是被当作模范学生被老师表扬的。

妈妈一回家，小蕾就冲出卧室抱着她大哭，一边抹眼泪一边道歉：“妈，都怪我不争气，害你受这种委屈，下次我一定好好努力！”本以为来这么一出“苦肉计”，妈妈应该会稍微消消气。不曾想，妈妈跟个没事人似的，一脸不可思议地问哭啥。

“你……你不是被请去训话了吗？”

“是啊。你们老师说你成绩下滑得厉害，让我好好督促你。但是我说没什么好督促的，我知道，我女儿已经很努力了，她知道自己在做什么。我们做家长的，只要支持就好了。”

“就……就这样？她没说什么很过分的话吗？”

“过分的话倒不至于，就是态度没有上次那么热情了。不过妈妈也理解，毕竟老师也是为了提高成绩和升学率。但妈妈不会像其他家长那样，一被叫去训话，就分不清主次，配合老师一起‘虐’孩子。成绩再重要，也没有我的宝贝女儿重要，只要你自己尽力了，我们问心无愧。不管被叫去多少次，我的态度都是这样。我女儿很棒，家里不会再给她任何压力。”

“哎哟，妈妈你有点帅哦！那……那老师怎么说？”

“不用管老师怎么说，最重要的是调整好你自己的学习状态。你不是为了妈妈读书，也不是为了老师读书，我们是为了求知求学，实现更大的梦想。遇到压力也好，挫折也罢，这都是去往西天取经的必经之难，挺过去了，人生别有洞天。”

“妈，我可总算知道为啥我总是浑身冒着正能量了，敢情都是你这一口一口鸡汤喂大的啊！”

看了小蕾妈妈的这番话，设身处地想想，如果你是小蕾，你会怎么想？你会怎么做？反过来看，父母的很多批评、指责、教育，是不是除了压力，并不能带来什么。父母的情绪宣泄不能教育好一个孩子，父母的支持却可以。

2. 成长有节奏，静待花期到

父母在教育孩子的时候，往往需要考虑各种因素。虽然我们都知道，孩子的未来最重要，但与此同时，父母又不可避免地受到各种影响：社会的评价、老师的期待、周围人的眼光。哪个更重要？相信谁？这经常是父母焦虑的事情。

【身边的故事】小马不需要补习班

过了暑假，小马就要上初中了。小马妈妈也是一位中学老师，她明白，进入初中需要一个适应期，但也不能因此而过度关注，如果太过紧张，反倒适得其反，早早引起孩子的倦怠。然而，周围不少同学家长打电话来讨论入学分班，讨论假期补习，本来平静的心情也被搅乱了。

妈妈干脆带着小马出去旅游了。参加夏令营，游览名山大川，品尝各地美食。这个暑假过得很不错，直到开学前两天，他们才回来。

谁知道，入学第一天，就遭到当头棒喝，小马妈妈被老师请去谈话。老师一脸严肃："小马妈妈，你也是老师，怎么能允许自己的孩子考成这样？！"然后拿出一个成绩排名表在小马妈妈眼前晃了一下，说："年级一千多人，他考了六七百名，这样的成绩，将来连普通高中都考不上，你一定要重视起来！"

这只是初中开学第一天。

回到家，妈妈和小马说："老师说了，你这次的考试成绩不好，但妈妈觉得，一次考试说明不了什么，我们可以一起来总结。妈妈相信你的学习能力，**这是一个新起点，我们需要耐心。**"

初中生活确实不容易，考试科目从三门变成七门，背诵的内容也多了好几倍，各种测验也纷至沓来。两周后，小马拿回了一张不及格的数学试卷。看着孩子沮丧的样子，妈妈一边安慰，一边打气，然后母子俩一起分析试卷，找错误原因，找解题方法。

可是，之后的几次考试，依旧亮红灯，作业也是惨不忍睹。

小马妈妈压力更大了：老师施加的压力，孩子的失落，同学家长的建议，连孩子的奶奶都着急了。小马妈妈也着急，也有焦虑，她反问自己："我能做些什么？"孩子处于适应期，不能代替孩子学习，能做的只有陪伴、支持。

于是，妈妈陪着小马学习，做作业、复习、请教别人，这个母子一起前行的过程令人难忘。

期中成绩出来，小马的成绩依然不理想——刚刚及格。得知数学成绩的晚上，小马跟妈妈说："妈妈，我去上数学补习班吧！"妈妈平静地回答他："不用，你不需要，妈妈相信你可以的。"小马这时绷不住了，哭着问妈妈："我很多次都考不及格，你为什么还相信我？"

妈妈抱着小马，看着他的眼睛说："因为你是我的儿子，妈妈了解你，你的思维能力、接受能力都很强，你喜欢你的数学老师而且他也很有方法，上初中以来你比小学更努力，你需要按照初中的学习方法慢慢适应，**给自己点耐心，**一定可以的。"

小马点着头，眼里闪着泪花。

就这样，妈妈陪着小马继续"不补习"之路，凭着自己的努力用心，小马的成绩开始慢慢回升。八十多分、九十多分。有一天，妈妈正在厨房做饭，小马冲进来，嘴里喊着："翻身了，翻身了！妈妈，我的数学考了一百分！"母子俩拥抱在了一起。

那天的晚饭特别香，小马说："妈妈，你说得对，我不需要补习班！"

"相信孩子"，不是一句空喊的口号，而是发自内心的声音，是落实到行动的支持。作为父母，对于未来的判断，要比孩子更笃定。

3. 做好孩子成长路上的支持者

做好孩子成长发展的支持者并不容易，不仅要提供智慧方法的支持，还要给予勇气的激励，同时，要有耐心的陪伴。

然而，很多父母却在"陪伴"中动作变形，把好端端的"陪伴"变成了"看管"：看着孩子赶紧写作业；看着孩子不要玩游戏；看着孩子不要磨蹭；看着孩子一张张做卷子，一遍遍背课文。于是，这样的“看管”关系，让父母和孩子的距离不是越来越近，而是越来越远了。

父母做好孩子成长的支持者，关键是关注三点。

①关注行为背后的需求。

父母经常会因为孩子的一些“不良行为和表现”而愤怒和抓狂，会斥责、惩罚，甚至打骂孩子。并由此开始分析：是不是孩子长大了就变了？是不是自己疏忽了？于是，就更加焦虑。从这里，陪伴就开始变成了看管。

然而，父母有没有想过，孩子的行为背后，表达着他们什么样的需求，是关注，是分享，还是成就感？是不是正因为这些需求没有得到满足，孩子才自己不知深浅地向外探索呢？

【身边的故事】爱我你就抱抱我

飞飞是个很乖的孩子，学习好，懂事、听话，父母特别放心。每当看到孩子放学后自己做作业，自己参加各种网课，还能拿回好成绩，父母心里就特别欣慰。

意外发生在一次网课期间。爸爸推门进去，却看见飞飞在玩游戏。这还了得？全家一下炸了锅。妈妈批评，爸爸揍，一时间，家里鸡飞狗跳。大人们都想，这回总该长记性了吧？谁知道，这竟然只是一个开始。从此以后，爸爸妈妈就开始严格“看管”孩子学习了，却一次次发现飞飞在上网课的时候玩游戏。写字不认真，作业经常完不成，成绩下滑、脾气暴躁，家里和谐欢乐的气氛消失了。

到底哪里出了问题？

有一次，飞飞因为作业写得不好，又挨了打。看着在抽泣着写作

业的孩子，妈妈终于忍不住了，过去要抱抱孩子，没想到，竟然看到了孩子有些惊恐的眼神。没容他后退，妈妈一把抱住了飞飞，泪水再也止不住了：“孩子，妈妈爱你！”两个人哭成了一团。

从那以后，妈妈就改变了方式，不再监管式地关注孩子有没有认真学习，有没有玩游戏。而是听孩子讲班上有趣的事情，和他讨论书上的问题，还一起学习，互相监督。看到孩子心情不好的时候，和他聊聊天，说说话，问问原因。

飞飞也变了，字写得认真了，成绩又好了，还暖心地照顾妹妹，不再乱发脾气了。

不要说孩子，很多成年人尚且难以有意识、有自制力地去控制自己的行为，孩子更是不知道有什么更好的方式去满足自己在成长过程中的情感需求，甚至都不会对这样的需求有觉察。作为陪伴者，父母此时要关注这些需求，并通过一些方式去满足需求以引导孩子成长。

② 关注结果之外的成长。

家庭不同于职场，父母不同于领导，不应以结果为评价导向。家庭不同于学校，父母不同于老师，不应以成绩为评判标准。否则，可怜的孩子就多了一个领导，多了一位老师，少了一个爸爸妈妈。

当然，学习很重要，成绩很重要。但是，这一点，孩子不是也很清楚吗？而父母要关注的，就是别人可能不会关注的——孩子的成长。

【身边的故事】阿翔的成绩是鼓励出来的

上了初中以后，阿翔的成绩总是不太稳定，妈妈已经被老师请了几次家长。老师询问她，孩子是不是青春期的问题？在家里有没有什么异常表现？请家长多协助老师，督促孩子的学习。

回到家，阿翔问妈妈："老师都说了什么？"妈妈说："老师说你最近有进步，要家长多支持，你特别有潜力，一定不能耽误了。"

从此以后，妈妈"特别听老师的话"，陪阿翔学英语、记单词，帮他收集难题，安排休息时间的活动。阿翔的分数一次比一次高，慢慢地，稳定在了前十名。

妈妈和阿翔说："你们老师还真的很厉害，看学生看得这么准，她说你有潜力，你还真就有这么大的提升。关键是，你的自律能力这么强，这可不是一般孩子能做到的，妈妈真为你感到骄傲！"

阿翔妈妈所做的，并不仅仅是善意的鼓励，更重要的是，放下了对于孩子成绩的要求，转而专注孩子的成长状态。她知道，这才是一个妈妈要做的。

③ 关注言行带来的影响。

作为孩子成长路上的陪伴者，父母的言行对孩子有着直接的影响。有时候，父母就是孩子的榜样，孩子会去效仿；有时候，父母是孩子的引领者，带着孩子探索；有时候，父母就是孩子的同伴，互相激励。

【身边的故事】我的妈妈是生物老师

小宇妈妈是一位生物老师，家里最多的就是生物类的书籍，平时妈妈也会和小宇聊起日常生活中的各种生物小知识。看到一些动植物，小宇也会问妈妈问题，会和妈妈一起查资料。小宇还在家自己养花，观察植物每天的生长情况，并做下记录。生日的时候，妈妈准备了几个礼物选项：显微镜、电磁实验材料、考古模拟工具。小宇毫不犹豫

地选择了显微镜。拿到礼物以后，当天晚上，小宇就制作了一个标本，开始用显微镜观察了。

不经意间，孩子的一些兴趣就培养起来了。

很多人说，父母当老师的，往往是自己教哪一科，孩子的哪一科学得就不好。其实，这是一个没有必然联系的表面现象。最重要的是，看父母是以老师的身份在要求孩子，揠苗助长，还是在以父母的身份，帮助孩子认识世界。

经常听到一些父母抱怨自己的不易，工作已经很辛苦了，职业发展已经够让自己焦头烂额了，可是回到家，面对孩子，又多了更多的焦虑、烦躁、愤怒和不知所措。此时，父母如果能静下心来，想想："除了父母，你还扮演了什么角色？对于孩子，你都在关注些什么？"其实，如果父母能回归自己的角色，关注只有父母才会关注的事情，做好陪伴和支持，给孩子更多的成长空间，父母就不会焦虑，孩子也会成长得更好。

四、做孩子的靠山

有些孩子会被贴上一些负面的标签：坏孩子、不务正业、学渣、学弱。看上去，这些孩子的一些表现确实也不尽如人意——上课不听讲；或者根本就听不懂；趴在桌子上睡觉；没有学习动力，不知道为什么而学；没有目标，没有梦想，自暴自弃；在游戏网聊中寻求认同；不遵守学校纪律，抽烟喝酒。

看到这些孩子，父母、老师都很头疼，并且会内心焦虑地提防着：自己的孩子千万不要变成这样。可是，不知道大人们有没有想过？孩子从小就这样吗？他是从什么时候开始转变的？孩子对于世界的好奇，对于知识的渴求，积极正向的能量是在什么情况下一次次被削弱的？是有一次考试没考95分以上？还是一个单词总也记不住？或者是，在学校受了打击，回家继续被父母打击？

作为父母，在痛心疾首、愤怒抱怨的同时，有没有想过，此时，孩子不仅仅是在受惩罚、被责骂。这个看上去有些犯错的小孩，同时也在感受着无助，体验着茫然不知措施，并且，在逐渐滑向自暴自弃。孩子的内心需要更多的力量，才能穿越诱惑、否定、打击、挫折。

给孩子更多能量，做孩子的靠山，父母义不容辞。

1. 保护孩子，让他从教训中站得起来

人们都知道这么一句话：家是温暖的港湾。可是，当孩子犯了错，

闯了祸，他是会远离家，还是会靠近家？此时的父母是会成为孩子的靠山，还是会成为站在孩子对立面的批判者？个中尺度，实难把握。

【身边的故事】把同学打伤的小义

小义爸爸接到班主任的电话，说是小义把同学打伤了，让他赶紧到学校一趟。

赶到学校，在政教主任的办公室，班主任、校长、政教主任、小义都在，看得出来，小义闯的祸不小。班主任说："小义把同学打伤了，差一点就伤到了眼睛，现在正在医院治疗，对方家长非常气愤，一定要追究小义的责任。"政教主任说："此事属于打架斗殴，可能要勒令退学。"

从小义的眼睛里，爸爸看到了愤怒，也看到了一丝恐惧。

爸爸一边忙着和老师们道歉，一边说："一定承担对方同学的所有损失。"然后说，要把小义带回去"教育教育"，让他做出深刻反省，回来做检查。班主任说："不用回来了，领回去算了。"听到这话，小义委屈地哭了。

爸爸走过来，小义以为要揍他，本能地躲了。没想到，爸爸过来拍了拍小义的肩膀，什么都没说。他们没有回家，在校门口的一家餐馆，爸爸点了两个菜，和小义一边吃饭，一边了解情况。

原来，上体育课的时候，小义班上的一个瘦小的同学被别班的同学欺负了，小义出手帮忙，就把那个欺负人的同学揍了。小义说："那个同学不是第一次欺负人了，这次很多人都看不过去，唯独我最后出手了。"

听完了事情的原委，爸爸问小义："你有哪些地方做得不对吗？"

小义低下了头说："我太冲动了，如果知道这样的结果，我就不出手了。"爸爸问："如果被退学，你后悔吗？"小义哭了，说："我想上学……"

爸爸说："孩子，帮助人没错，但要注意方法，这次教训，你要记住了。"爸爸没再说什么，默默地吃完了饭，带小义回家了。

之后，小义爸爸带着小义一趟一趟地跑医院、跑学校，争取对方家长原谅，争取学校的宽大处理，最终，学校同意给小义一次机会。

整个过程，小义看在眼里，记在心上，不仅认识到了自己的错误，还和爸爸学会了处理冲突的办法。这个有正义感的冒失孩子，像是一下就长大了。

成为孩子的靠山，不是纵容娇惯孩子，这样的父母只是为了满足自己的操控欲而已。成为孩子的靠山，也不会因为孩子的错误而打击批判，这样的父母也只是懦弱地躲起来，让自己更安全。成为孩子的靠山，就要保护孩子的成长，让他既不被打击压垮，又不能膨胀越轨，学会为失败买单，在教训中站得起来。

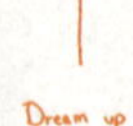

2. 帮助孩子寻找续航的能量

有些父母总有一种意识：关注残缺。比如拿到孩子的考试卷子，一看，98 分，先问"那 2 分错在哪里"。对有些人来说，这样的意识强烈到难以抑制的地步。当然，我们知道，不断修正残缺，才会让自己安全。

然而，我们习惯说"不要"的时候，所有的关注点都放在了那个我们"最不想要的选项"上。有一个大家熟知的法则：资源在哪里，

效果就在哪里。而注意力，是一种无比重要和稀缺的资源。你关注什么，就会拥有什么。

孩子考了 98 分，如果不去关注丢失的那 2 分，你可以关注什么？

可以关注书写："孩子，可以啊！才不到一学期，写字有了这么大的长进！你是不是天天都在练习啊？"可以关注创意："你怎么想到这个词的？它是什么意思？意思相近的，还有什么词？"可以关注进步："你的选择题比上次正确率提高多了，是不是检查的时候更用心了呢？"总之，只要不关注丢失的 2 分，可以关注的点特别多。

父母的关注，往往是对孩子的提醒和强化，关注优点多，孩子就会在这些方面表现得更为突出，这就是在向自己学习。

【身边的故事】快来夸夸我

周末，晚饭后，诺诺妈妈组织全家人开展了一个有趣的游戏：快来夸夸我。

游戏是这样玩的：每一轮有一个主角，被称为"耀眼的明星"，大家轮流来夸奖这个耀眼的明星。要求是，先说要夸奖的品质，然后讲出具体事例，最后一句话总结。轮流进行，一边讲，一边有人做记录，直到谁都说不出来新内容为止。然后，开始夸奖下一个"耀眼的明星"。

这个过程进行得非常热烈，家里充满了欢声笑语。开始，被夸的人觉得不好意思，夸人的总忘记找出具体事例。慢慢大家都熟悉了这个游戏的玩法，诺诺还申请再来一次呢。

玩了一个多小时，结束的时候，大家来总结这个游戏。奶奶说："我发现自己的优点还挺多的。"爸爸说："我发现家人们对我非常关心。”诺诺说：“我发现爸爸妈妈、爷爷奶奶都很辛苦，我要更懂事。”

真诚的赞美，是从心里出发的，是从关注积极的、美好的方面开始的。

不知道父母有没有想过，作为支持者，我们要给孩子最宝贵的支持就是内在能量的支持。若是孩子内在已经充满能量，我们要做的，不是“赋予能量”，而是看见、发现，甚至寻找孩子身上的能量，点燃它们。

“看到能量”这件事，绝非自欺欺人地给自己打气鼓劲，也不是强迫自己要积极地充满斗志。而是真的认识到能量的存在，特别是在一些很多人以为“糟糕的”事情中，真正看到积极的一面。

【身边的故事】失败的收获也很大

小艺成绩一般，但特别喜欢唱歌，想通过艺考的方式上大学。但老师的建议是，艺术天赋不够，形象也不够好，选择声乐不如选择器乐或者选择美术。小艺没听老师的建议，毅然选择了学习声乐。

现实给了小艺一击，尽管他很努力，但是专业成绩还是差强人意。艺考无望，这条路走不通了，还耽误了文化课的学习，文化课成绩也不如以前了。何去何从？小艺一下失去了方向。

成绩出来的那一天，妈妈和小艺有了一次认真的谈话，妈妈先是对小艺的心情表达了理解，然后问：“那么多人反对你学声乐，**是什么让你坚持下来，**而且参加考试的？”这个问题，让小艺的眼睛里有了光，她说：“因为喜欢，我特别喜欢唱歌，想要通过声乐特长上大学。”从这里，我们可以看到小艺的动力。

妈妈继续问："学习的过程中，**你是如何克服遇到的困难的？**""我会比别人下更多的工夫，别人说我不行，我就要证明给别人看。我也确实坚持做到了，但是……"小艺顿了下，"最后的结果还是不太好。"

妈妈说："嗯，是的，你有毅力，能坚持。现在，这件事结束了，**这件事中最有价值的部分，对你有什么影响？**"小艺沉思了一下，说："在这件事中，最有价值的部分就是我对自己的突破，之前别人说什么，我就认同什么。这一次，我按照自己的想法来做了，虽然没有成功，但我还是挺自豪的，下一次，我还会这么做。"

小艺接着说："尝试了，努力了，至少不后悔，做事尽力就好。最起码，通过这次尝试，排除了声乐艺考这个选项，我不再有遗憾了。以后，音乐还可以作为业余爱好，给我的生活增添色彩。"

妈妈用欣赏的眼光看着小艺："**从这件事中，你学到了什么？**""凡事有利有弊，我去努力争取艺考了，文化课成绩一定会受影响。既然我对自己的选择不后悔，我想，就可以把同样的努力用在文化课的复习上。塞翁失马，焉知非福，没准我还因此成绩更好了呢！"说到这里，小艺自己都笑了。

小艺从艺考失利的低迷情绪中跳了出来，开始直面自己的现实处境了。

认识能量、发现能量，表面上看，是换一个视角看问题。其实，很多能量本来就存在，只是我们习惯了一种批判、否定、消极、悲观的视角，忽略其他视角，就会对本来就存在的能量熟视无睹。**认识能量，就是在各种经历中，特别是在一个看上去"负面"的事情中，识**

别出可以激发自己看到未来，看到更多可能性的能量，识别出被人忽略甚至故意掩盖的宝藏。

可以通过以下三类问题来认识能量。

① 为什么这么做？做一件事，每个人一定都有内在的动力支撑。特别是当遇到困难的、与众不同的、别人不赞成的事情时，需要我们具备更大的心理能量。此时，我们不妨看看最初的想法，一定能找到我们的价值追求，这些我们一直在追求的东西，就是我们能量的来源。

② 你做了些什么？（如何努力的？）没有什么是一帆风顺的，也有没有什么事情是轻而易举的，我们为着一个目标努力的时候，会做很多准备，这些准备本身就是一种能量。同时，我们克服困难，用尽全力时，展示出来的优秀品质，也是重要的能量。

③ 学到了什么？我们经常被否定、被打击的原因，就是因为结果不如意。如果我们把自信建立在成长上呢？无论客观结果如何，我们都可以从中有所学习，变得更加自信，能量自然也就有了。

当父母仅仅关注考试成绩和班级排名，关注结果呈现和外界评价的时候，孩子就变成了你项目组里的一个员工，甚至是借以实现目的的工具。如果结果不能尽如人意，父母就只会批评、打击和否定。孩子失去了能量，没有了可以前行的动力，表现也就会更差了。

3. 父母是孩子最好的榜样

父母是孩子的第一任人生导师，而且任期是终生。父母不仅教给孩子生活常识、科学文化，也不只是教给孩子做人的道理，父母的言行举止对孩子产生着深刻的影响，孩子会不自觉地去模仿父母。

父母不仅教给孩子生活常识、科学文化，也不只是教给孩子做人的道理，父母的言行举止对孩子产生着深刻的影响。

【身边的故事】追鹅的秋秋

这是一次郊游聚会，几个家庭开车来到了一处乡村农家院游玩。

农家院依山而建，青山绿水，让人心意盎然。院里有两只大白鹅，与绿水青山呼应，煞是好看。它们浮在池塘的水面上，忽闪着翅膀，偶尔嘎嘎地鸣叫，俨然就是一道风景，吸引了客人们过来拍照。

只不过，大鹅们似乎并不那么友好，它们有自己的领地，一旦有人走近池塘边的草坪，它们就会伸长脖子，扇着翅膀，嘎嘎地叫着，摇摇摆摆地走过来。那阵势，似乎要打架。如果你示弱溜开，它们还会追上去。

不知谁说了一句，“大鹅会拧人”。然后，很多人附和，说大鹅会看家，说小时候有过被鹅袭击的经验。于是，一群成年人，一边小步快跑，一边远远地看着鹅。这两只鹅似乎也知道人们有点怕它，于是慢吞吞地跟在后面，保持着十米的距离。一旦靠近，就示威般地伸伸脖子，嘎嘎叫两声，做出冲刺的架势。人和鹅之间欢闹着，捉起了迷藏。

这时候，秋秋和爸爸吃完饭走了过来，看着一群人和大鹅玩耍，笑眯眯地走近了大鹅，似乎没有一丝担心。没等他们走近，大鹅就发起了攻击！其中一只，直接走了上去，伸出脖子，一下钳住了秋秋爸爸的裤腿，然后使劲拧了起来。周围人一片惊呼。

只见秋秋的爸爸不忙不慌，却伸手去抚摸鹅的脖子，任由大鹅发挥着攻击力，偏执地拧着裤腿。“小心！”，那一刻，旁边的几位女生不禁有些担心地叫喊。秋秋爸爸的策略是，你拧你的，我摸我的，如果大鹅一直不松口，那就抬抬腿，换个姿势，大鹅会换个地方，继续钳住。

原来也没那么可怕嘛。看他们那么玩，此时，大家心里都松了一口气。原来，内心的那个恐惧是自己创造出来吓唬自己的。此时，小秋秋上场了。原本，她和大人们一样，躲着大鹅跑，现在看到自己的爸爸竟然开始“戏鹅”，于是，也走上前去，跃跃欲试。大人没问题，小孩子呢？几个阿姨在旁边忍不住地喊：“秋秋小心点！”

只见秋秋从草丛中抽出一个长草，保持着距离，要去招惹正在攻击爸爸的大鹅。场面发生了逆转，发现攻击无效之后，又被小姑娘拿着一根长草挥舞，大鹅竟然开始摇摇摆摆地要离开此处。小秋秋就跟在后面，一边咯咯地乐，一边冲着大鹅扬草，像是挥舞着鞭子一样。甚至，小秋秋在后面加快了脚步，大鹅也跑了起来，俨然一幅赶鹅的场面。

大家都乐了，还自嘲道：“我们刚才被鹅追，看看人家孩子，是追

着鹅跑哩！”

我想，长大以后，小秋秋肯定不会有被鹅追的记忆了，在她看来，大鹅一点也不可怕，还有点好笑。她的爸爸就是她的榜样，演示了如何相信自己的判断，去靠近一个别人恐惧的事物。这不是勇敢，也不是胆大，只是自信而已。在不经意的一次活动中，自信，这件宝贝，就在父女间传递了。

做孩子的靠山，父母不仅要在背后支持孩子，给孩子赋能，还要直面自己人生中的困难和挫折，直面追寻梦想的恐惧和胆怯，直面身处窘境时的难堪和懦弱。这时的父母，就是孩子在未来面对类似事情时最好的榜样，而父母就会成为孩子人生路上最大的靠山。